実話怪談
蜃気楼

竹書房
怪談
文庫

目次

※本書に登場する人物名は、様々な事情を考慮してすべて仮名にしてあります。また、作中に登場する体験者の記憶と体験当時の世相を鑑み、極力当時の様相を再現するよう心がけています。現代においては若干耳慣れない言葉・表記が登場する場合がありますが、これらは差別・侮蔑を意図する考えに基づくものではありません。

実話怪談　蜃気楼

鈴木捧

アフリカの蟻塚

タカシさんは、大学生のときに友人のハルカさんと車で海を見に行った。

それまで二人きりで出かけたことはなかったが、このときはタカシさんが免許の取りたてで、運転の練習に付き合ってもらうという名目で誘ったのだという。

タカシさんはハルカさんに好意を持っていたから、この日の流れ次第では告白しようと思っていたそうだ。


春先の暖かな日だった。

人はまばらで、浜に打ち寄せる波も穏やかであり、海は静かだった。

しばらく歩いていると腰かけるのにちょうどいい、丸い岩が幾つか転がった場所がある。

そこで来る途中にコンビニで買った昼食を食べて、ひと休みすることにした。

取っている講義の話やサークルの先輩の話など、話題は尽きず、会話は弾んだ。

悪くない雰囲気に思えた。

「そういえば俺たちさ……」

話の流れを変えかけたところで、ハルカさんの様子が妙なことに気付いた。

目を細めて沖のほうをじっと眺めている。

「どうしたの？」

訊くと、

「なんかいる……」

とだけ言う。

言われてタカシさんもそちらのほうを眺めてみるのだが、特に異常はないように思える。静かな海が広がっているだけだ。

「大きいな。人かな？　人じゃないか」

独りごちるように言うハルカさんには、相変わらず何かが見えているようだ。

「何？　何がいるの？」

タカシさんとしてもこのままだと話題を自分の望む方向に運びようがないので、ハルカさんに問いかけてみる。

ハルカさんはそれに応えず無言だ。そうしてただ沖のほうを眺めている。

何も言えずに同じ方向をしばらく眺めていると、ハルカさんがふいにぽつりと言った。

「アフリカの蟻塚《ありづか》って分かる?」

え? と思わず声が出てしまった。いかにも唐突な話題転換についていけないタカシさんに構わず、ハルカさんは続ける。

「テレビとかで見たことない? 人の背丈くらいある蟻塚」

ハルカさんの視線は沖のほうに向いたままだ。

「旧キャンパスの中庭の隅にね、あの蟻塚の白いやつが立ってたんだ。最初、美術サークルの展示なのかな、と思ったんだけど。なんか合成写真みたいな、風景の中に雑に貼り付けたみたいな、変な感じがしたんだよね。それで近くで見てみたら、ああ……、って思ったんだ。それねえ、ぶうう、ふううう、って呼吸してたから。

タカシさんが先ほどまでの話の内容をまるで咀嚼《そしゃく》できずにいると、ハルカさんは「まあ、あんたに言ってもしょうがないか」と言って、両手を上にあげて伸びをした。

帰りの道ではカーステレオのラジオから話題を拾うようにして普通に会話できたが、海でのやりとりで何となくハルカさんとの間に透明の壁ができたように感じてしまった。

その日以降もう二人で出かけるようなこともなく、四回生になって大学に顔を出すことが減ると自然に疎遠な関係になっていった。

「あの日に海で彼女が言ってたことが何なのか、未だによく分からないんですけれど……。ただ、旧キャンパスの中庭に改めて行ってみたんです。当然、蟻塚なんてないんですよ」

でもね、四年のときなんですけど。タカシさんは少し躊躇《ためら》うように視線を彷徨《さまよ》わせてから、続けた。

「……その中庭の隅で倒れてた学生がいて、救急車で運ばれてったことがあったんです。睡眠薬なのか何なのか、薬絡みの自殺未遂だったたって話で。朝イチで来た職員に発見されたってことだったんですが、大学は当然夜間は警備がかかってるし、中庭には外から直《じか》には入れないしで、どうやって入ったのか……結局最後まではっきりしたことは分からなくて。そういうことがありました」

自身でも釈然としないということなのか、微妙な表情を浮かべたまま、タカシさんは話を終えた。

チュンチュン

尾瀬で会った鹿沼さんは、登山というよりはバードウォッチングが趣味なのだと言っていた。

この話は、珍しい野鳥の姿を求めて訪れた北海道の湖のほとりでのことだそうだ。

近くのペンションに宿泊して、早朝からレンタカーを回して湖畔までやってきた。秋の入り口に差しかかった高原の空気はしんとしている。他に人影はなく、聞こえるのは鳥のさえずりくらいで、野鳥観察には絶好の日和《ひより》だ。

カメラや双眼鏡、防寒着の準備をして、森の中へ続く遊歩道に入っていく。ほどなく腰を落ち着けるのに良さそうなポイントを見つけた。そこを拠点にしてしばらく頭上を行き交う鳥たちの撮影をすることにした。

「そしたら、チュンチュンって声が聞こえてきたんですよ」

「はい」と私。

「だから、鳥がチュンチュンっていってたんですよ」

「はい。鳥が鳴いてたと」

「いや、だから……〈チュンチュン〉て、いってたんです」

どういうことだろう。鹿沼さんが何を言いたいのか、いまいち分からない。

「いや、鳥がチュンチュンって鳴くのは普通ですよね？」

鹿沼さんは数秒考え込むようにしてから顔を上げて、言う。

「……あのね、この〈チュンチュン〉ってのは、何ちゅうかな。そう、擬音。擬音ではなくて。なんかオバサンの声で、文字通り〈チュンチュン〉て、言ってたんです」

野鳥観察をする人の中には、口笛などで鳥の声をまねて鳥を寄せようとする人がいる。最初はそういう人だろうと思ったそうだ。

ただ、そういう意図にしては、下手すぎる。

まるで鳥の声を真似ようというやる気の感じられない、何の感情もこもらない、念仏のような〈チュンチュン〉という中高年女性の声だ。

鳥が逃げそうで迷惑だし、文句のひとつでも言ってやろうと思って、その位置を探すが、周囲をいくら見渡しても人影などない。

声の聞こえたほうを重点的に見ているとまたあの〈チュンチュン〉という声がして、続けざまに木々の間から大きなヤマセミらしき鳥が飛び立った。

それからあの声が聞こえることはなかったから、やはり声の主はその鳥のように思える。

ヤマセミはレッドデータブックにも登録されている希少種だ。

車で少し行くと資料館があり、録音された鳴き声を聴くことができたが、当然あの声とは似ても似つかないものだったそうである。

煙と風のこと

Uさんが目を覚ますと、窓の外が何やら騒がしい。

カーテンの隙間から外を覗くと、真っ白な車の大きな車体が目に入った。

住んでいるアパートの目の前の道に救急車が停まっているようだ。

同じアパート内の別の部屋で何かあったのかもしれない、と考えたが、それも一瞬だけだった。

休日の早朝だったので寝直そうと思うと、すぐに思考は眠気の中に溶けていった。


二度寝から覚めると午前十時頃になっていた。

ゴミ出しを忘れていたので、簡単に着替えて外に出る。

そこで、戸建てをひとつ挟んだ隣のアパートの様子がおかしいことに気がついた。

建物を囲むブロック塀の内側から、もうもうと白い煙があがっている。

このアパートはもう半世紀くらいはそこにありそうな古いもので、一見廃墟のように見える。Uさんも引っ越してきた当時は人が住んでいるとは思っていなかった。

ある夜にコンビニに向かう際、明かりが点いているのを見て、人がいるんだ、と驚いた記憶がある。

そこから煙があがっているので、すわ火事かと思い、建物に駆け寄った。

近付いてみると、一階の真ん中の部屋から煙があがっているのが分かった。

窓は全開になっている。

これは大変だと思って通報を考えたが、携帯は自分の部屋に置いたままで手元にない。

ここは人がいないかどうかの確認が先だ。

全開になっている窓から部屋の中に上がろうと考えて、すぐに思い直す。

非常事態かもしれないのに妙な事だが、先に玄関のほうから呼び鈴を鳴らしてみるべきだと思ったのだ。

窓の反対、玄関があるアパートの廊下側に回る。

不思議に思った。

問題の、真ん中の部屋のドアが開いている。

廊下の奥側の景色を遮るように、全開の状態で固定されている。

妙なのは、一切煙が出ていないことだ。

窓側はあんな様子だったのに、風向きの関係だろうか？

とにかくもう普通の事態ではないのは明らかだから、部屋の中の様子を確認しようとドアに駆け寄った。

部屋を覗き込む。

生活感の残る空間だった。

台所のある廊下の向こうに畳の部屋が広がり、そこかしこにゴミの袋や酒瓶が積み上がっている。

もう何年も敷きっぱなしだろう煎餅布団、年季の入った卓袱台《ちゃぶだい》、背の高い本棚が見える。

それらの情報が一斉に視界に入ってきたのは、白い煙など一切漂っていなかったからだ。

開いた玄関ドアから向かいの窓までまっすぐ貫くように空間が続いている。ついさっきまで人がいたかのような生活感の残滓と、不釣り合いな静寂が同居している。

Uさんが立ち尽くしていると、後ろからざぁっと風が吹いた。

風は部屋の中をまっすぐ通り抜け、放置されていた何かのチラシを窓の外へと攫《さら》っていった。

アパートは玄関側も窓側も戸建ての家に挟まれているから、今にして思うとあの通り抜けた風も奇妙に思える。

ただ、それと関係があるのかはともかく、救急車はやはりあの部屋の住人を運んでいったのだろう。

そして住人は亡くなったに違いない。

ほどなくしてあのアパートが取り壊されたことからも、それがあの日起こったことの全容だと思える。

Uさんはそんな話をしてくれた。
八月半ばの真夏日のことだったそうだ。

尾根道にて

Eさんが友人のNと山登りをしていたときの話だ。

秋の深まりつつある時季で、紅葉が終わりつつあることも関係してか、山は静かだった。

行程の長さこそそれなりにあるものの、危険な箇所はないコースで、話をしながら気楽な心もちで登っていたそうだ。

つづら折りの急登を経て稜線上の広い尾根道に上がり、山頂までの最後の詰めを歩いていたときのことである。

道の左右は樹林帯だが、葉はもうだいぶ落ちている。

どこまでも続く山々と雲の少ない青空が木々の隙間から見えていた。

行動食として持ち込んだミックスナッツの袋をNと回して食べながら、もうすぐじゃねえか、いやこっからが長いってパターンもわりとあるから、と言葉を交わす。

確かに、こうした緩やかな尾根道に出てからいくつかの小さなピークを越えるような長い道が続く、というようなことも、まままある。

ただ、穏やかそのものの気持ちのいい道なので、長く楽しめるならそれも悪くないと思えた。


しばらく進むと、前方五十メートルほど向こうから歩いてくる登山者の姿がある。

道が緩やかにうねっているので、この距離まで気がつかなかったのかもしれない。

恐らく向こうは山頂を踏んで下山の途中なのだろう。

すれ違うところで、「こんにちはー」と声をかけた。

相手は下を向いたままぼそぼそと何かを言って、そのまま通り過ぎた。たぶん挨拶を返してくれたのだと思うが、よく分からない。

その程度のことは特に気にしないが、妙だったのは隣のNの様子だ。

挨拶もしないので気付いてないのかと思って目をやると、地面を睨むように下を向いて黙々と歩を進めている。

おい、おまえ感じ悪いよ、と軽く窘《たしな》めるように声をかける。

するとNの口から返ってきたのは、「やばい」という言葉だった。

思わず、はあ？　と訊き返すと、「やばいんだって」ともう一度言い、早足に先のほうへ歩いていってしまう。

後を追って、いや、何がよ、ともう一度訊いてみると、立ち止まったNは、こちらをじっと見て「お前、さっきの、何も思わなかったの？」と言う。

さっきの、とは、先ほどすれ違った登山者のことだろう。

思い返してみるが、特におかしなところはなかった。

えんじ色のニットキャップにグレーのザックの地味な色合い。髭面の男で、年齢は五十代ほどか。強いて言えば、泥や落ち葉でやけにズボンが汚れていて、そこだけは少し印象に残っている。

登山者のそんな様子を思い返しながら、Nの質問に、普通のおじさんだろ、と返す。

Nは数秒こちらをじっと見てから視線を外し、「……そういうことじゃねえんだよなあ」と言う。

Nの言うことが要領を得ないので、Eさんも少しイラッとして、だから何がだよ、と少しきつめの口調になる。

Nは、はあ、とため息をつく。

「お前本当に気付かなかった？」

いや、だから……。

「あの人なんにも足音させてなかったのに、本当に何も思わなかったの？」


奇妙なことだが、そう指摘されて初めて気付いたのだ。

映像としては、落ち葉を踏みながらこちらに歩いてくるあの登山者の記憶がある。なのに、綿の上でも歩いているかのように足音がない。

葉の落ちた樹林の静かな空気の中で、自分たちの息づかいと防寒着の衣擦れの音、聞き慣れた二人分の足音だけが響いている。

消音されたテレビのように、音だけがない登山者とすれ違う。

ただ、すれ違いざまにぼそぼそと何かを言う、その声だけが聞こえた。

だからその声だけは、聴かせるつもりだったのではないか。そう思える。

「それだけにね。あの人が何を言ってたのか、分からなくて良かったなあと」

何でかそう思ってるんですわ、とEさんは話を終えた。

静寂

「尾根道にて」という話を紹介したが、似たタイプの話がもうひとつある。

T沢さんは今住んでいる街に引っ越すにあたって何件かの物件を内見した。安さ優先で選んでいたから、築年数の経っている物件も多い。そうして巡っていた物件のひとつに、やはり築三十年ほど経っているマンションの一室があった。

二部屋の洋室にダイニングキッチン、バス・トイレ別で、五階だがエレベーターもある。家賃も相場をかなり下回っている。先に不動産屋から受け取った資料で見る限り、条件の良い物件だ。

物件を訪ねたのは夏の盛りのよく晴れた日だったそうだ。

この日は先に三件の物件を回っていて、そのうちのひとつの印象がかなり良かったため、内心ではほとんどそこに決めてしまっていた。だからこのマンションに関しては「一応見ておく」程度の気持ちだったという。

N崎という不動産屋の担当者の車でマンションに着いたのは午後二時頃だ。建物裏手の駐車場から表側に回ると、マンションの一階部分には床屋と食料品店のテナントが入っていて、その脇に住居部分へ通じる階段がある。

ガラス張りの扉をくぐって日陰に入ると、いくらか暑さが和らいだように感じられた。

重たげな銀の扉のエレベーターを使って五階へ上がる。目的の部屋までまっすぐ延びた廊下から、街の景色が一望できた。遠くには鮮やかな緑の山並みまで見渡せる。開放的な環境だ。

にもかかわらず、マンションに入ってから、奇妙な閉塞感が付きまとっている。外の世界と薄い膜で隔たっているような感じだ。

そんな小さな違和感について考えているうちに、部屋の前に辿り着いた。N﨑が鍵を開けて、T沢さんと自分のぶんのスリッパを出した。

「どうぞ」と声をかけられてN﨑に続くように玄関を上がる。

玄関と繋がったキッチンから続く二部屋の洋室への扉は開放されている。ベランダに面した大きな窓から陽光が射し込んでいて、照明がなくても部屋は明るい。すぐに目に入ったのは、玄関ドア脇を伝う何かの配管だ。金属製の太いパイプがL字型に壁を這っていた。

N﨑は部屋を簡単に眺めて何かを確認してから、換気のためか窓を開けた。それから「何か分からないことなどありましたら、遠慮なく仰《おっしゃ》ってください」と言った直後に、あ、ちょっと失礼します、と携帯を片手に外の廊下に出ていってしまった。どこかから電話がかかってきたようだ。

改めて部屋を見回す。

焦げ茶色のフローリングはさすがに年季を感じさせるが、壁紙は貼り替えられているようで、汚れたり傷ついているところはほとんどない。備え付けのエアコンも見たところ新しく、それなりに手入れされている部屋のようだ。

洋室のほうに入ると、窓から景色が広がっているのが見える。周囲には高い建物もなく、開けた眺めだ。

もう少し景色をよく見ようと窓に近付いたところで、妙なものが目に入った。ベランダの片隅に黒いボールのようなものが転がっている。しばらく眺めていて、それが何なのか分かった瞬間、鳥肌が立った。

蜂の巣だ。

転がり落ちているということは、もう蜂はいないのだろうが、こんなものが放置されているのは異様なことに思えた。

窓の外を眺めるのをやめて部屋の中へ向き直る。

奇妙だった。さきほどまで小奇麗だと感じていた部屋の様子が、どこか精彩を欠いてくすんで見える。

かすかにめくれた壁紙の隅や、よく見ると日焼けしたように茶色がかったエアコン、それに、キッチンの壁沿いを這う無骨なパイプに浮いた錆《さ》び。

虚しさのようなものを覚えて立ち尽くしていると、微かな音が聞こえるのに気付いた。

くぐもった人の声のようで、ぼそぼそと何かを呟き続けているように聞こえる。人数は一人に思えるが、性別は分からない。内容も判然としない。

パイプが空調のためのもので、別の部屋の声が聞こえてくるのだろうか。そう思って近付いてみたが、音はむしろ遠ざかる。振り返るとトイレと風呂場へ続く洗面所が見えた。

声はそちらから聞こえている。

風呂場の磨《す》りガラスの戸の前に立って、やはり妙だと思った。音は意識しなければ何とも思わないような微かなものだが、しかし気のせいとは思えないほどしっかりと存在している。例えば蓋をした湯船の中でラジオが鳴らされていたら、こんな風に聞こえるかもしれない。

灯りの点いていない風呂場の中は、磨りガラス越しには様子が窺えない。

「お部屋のほう、いかがでしょうか?」

いつの間にかN崎が玄関に立って、こちらに声をかけてきているのに気がついた。

T沢さんは、もう大丈夫です、と言って、足早にマンションの廊下に出た。

部屋の窓を閉めるためか、N﨑が部屋に上がっていく。

廊下に出ると、照り付ける陽射しをそのまま音にしたような大音声のセミの声が響いている。

N﨑を待たずに先にエレベーターで降りてマンションの外に出た。

目の前の道路を行き交う車の排気音がやけに立体感を持って耳を打つ。

そこで初めて気付いた。

部屋で、あの風呂場から聞こえた微かな音。

あれを聞くことができたのは、部屋が異様に静まり返っていたからだ。

窓は大きく開いていて、なのに蝉の声も、下を走る車の音や街の生活音も、一切しなかったのだ。

ただ外世界から切り離されたような静寂があって、その中にあの音だけが鳴っていた。


T沢さんが住むことに決めたアパートはそのマンションからそんなに離れていないので、今でもたまに前を通る。

交通量が多く騒がしい道路沿いに、古びたマンションは後景のようにしてひっそりと立っているそうだ。

顔

イノセさんの住むアパートのすぐそばに、粗大ゴミなどが捨てられている林がある。汚いので普段は入ったりしないのだが、あるとき、そこを歩いている夢を見たそうだ。

五分か十分か三十分か、夢の中の曖昧な時間感覚の中で目的地も分からぬまま歩き続けていると、足元に黒いポリ袋を見つけた。妙に胸騒ぎがしたので開けてみると、苔《こけ》で薄く緑がかった白い石のようなものがいくつも入っている。大きさも形も様々だ。ただ、中が中空であるかのように軽い。どうも普通の石とは違う。

らちが明かないので袋をひっくり返すと、大腿骨と肋骨としか思えない形のものが落ちてきて、白骨死体なのだと分かった。

イノセさんは毎朝仕事に向かう前にその林の脇を通る。そのたびに例の夢の内容を思い出してしまい落ち着かない。それである日の早朝、問題の場所を確認しに行った。何もないに決まっている。そう思いながらも足取りが重い。果たしてそこにやってきたが、やはり夢で見たようなポリ袋はなかった。

しかし何もないというわけではなく、ビニール紐でひとまとめにされたアダルト雑誌があったのだという。胸のつかえが取れないので、蝶結びされたビニール紐の端を引っ張って外し、一番上の一冊をパラパラとめくってみた。何の変哲もないアダルト雑誌ならそのまま全部忘れよう、と思っていたが、そうはならなかった。

そこに載せられた写真には、いずれも歪《いびつ》な加工が施されていた。顔の部分に、雑な合成のようにして、すべて同じ女性の顔写真が貼り合わされている。イノセさんは首筋からシャツの中に虫でも入れられたかのような気味悪さに背中が粟立って、すぐにその場を離れた。

それからは林の脇を通るたびにその雑誌の存在を意識してしまう。胸のつかえをなくすためにしたことなのに、逆効果になってしまった。

それから二週間ほどしたある朝のことである。アパートの共用のゴミ捨て場に燃えるゴミを持っていって、ぎょっとした。そこに、きちんとビニール紐で縛り直された例の雑誌の束が無造作に置かれていたからである。

事態をうまく呑み込めず、ゴミ袋を手に持ったまま固まっていると、アパートの上の階のドアが開く音がした。階段を下りてきた上の階の住人が、固まっているイノセさんから距離を置くようにして、ゴミ捨て場の反対側にファッション雑誌の束を捨てていった。

その際に目だけ動かしてそちらを窺ったが、例の雑誌に貼られていた写真の顔にそっくりの女性だったそうだ。

疲れているから、頭の中で物事を勝手に色々と関連付けてしまっているのかもしれない。

自分の部屋に戻ろうとして、掲示されていたゴミ捨てのルールが目に入った。その日は月に二度の廃雑誌の回収の日だったと分かった。

もう十年も前の話だそうだ。あのときの住人の女性は引っ越してしまったのか、今は上階には誰も住んでいないという。

姉の血

サクイさんが子ども時代に通っていた小学校の近くには大きな川があって、学校から川をまたいだ向こう側には古びた一軒家の住宅が多かったという。

その川の「学校がある側」にはもっと新しいマンションなどが立ち並んでいて、サクイさんもそうしたマンションの一室に住んでいた。

小学校にはどちらからの子どもも通ってくる。必然、川を挟んだ別々の側に住む子たちが一緒に遊ぶような機会も多くあるわけだが、そんなとき、大抵はマンションなどのある側、「新しい側」で遊ぼうということになる。これは、そちらのほうが新しくて広い公園があるということもあるが、もっと大きな理由は、ある種の「格差」だ。

「古い側」に住む子の家にはないゲーム機が、「新しい側」に住む子の家にはある、というような。

「古い側」の家の子で出てくるおやつが煎餅やかりんとうに麦茶なら、「新しい側」の子の家ではよく冷えたジュースと缶入りのクッキーが出る、というような。

そういうことの意味は、昔はぼんやりと感覚的に感じていただけだったが、今ならはっきりと分かる。

どこか歪な町だった、とサクイさんは話し始めた。


四年生の頃の出来事だ。

サクイさんの当時の友達に、マツダくんという少年がいた。

マツダくんは「古い側」に住んでいる。

マツダくんと遊ぶときは大抵他の子と三、四人のグループになっていて、やはり遊ぶ場所は「新しい側」の誰かの家、というのが多かった。

それがどういう経緯なのか、その日はマツダくんとサクイさんの二人で、しかもマツダくんの家で遊ぼうということになったのだそうだ。

初めて訪れたマツダくんの家は、いかにも築年数の経っていそうな色あせた一軒家だった。猫の額のような角地に建てられた二階建てだ。薄茶の壁の色が、もともとそういう色なのか経年の汚れによるものなのか、分からない。コンクリートブロックの塀に囲まれた、申し訳程度の広さの庭がある。

「入れって」

マツダくんに言われて錆びた金属の柵をくぐる。

玄関を入ると、ボロボロのサンダルや土で汚れたスニーカーが端に揃えて並べてある。

框《かまち》を上がるとすぐにマツダくんは目の前の狭い階段を上がっていく。二階に自分の部屋があるのだろう。

人の家に上がるときはスリッパを出されることが普通だったので、やや戸惑ったが、サクイさんもマツダくんの後を追って靴下のまま二階へ上がった。

二階にはマツダくんの部屋の他にもいくつか部屋があるようで、開いた引き戸の先には和室があるのが見えた。他に収納のような縦長の扉と、閉まったドアがあった。

机と椅子の他にはマンガ本や簡単なおもちゃが並ぶばかりのマツダくんの部屋で話をしていると、ふいにドアがノックされた。

「お母さん？」とサクイさんが訊くと、マツダくんは何も答えずにドアを開ける。

自分たちより幾つか年上に思える女の子が立っていた。

しかし、年上に思える、というのは体の大きさからそう感じただけで、改めて全体を見ると妙なチグハグさがある。体格は小学校の最上級生たちを思い出させるが、服装は典型的な子供服だ。原色の派手なスカートとキャラクターもののトレーナーの組み合わせで、学校でもそうそう見ないような「幼い格好」だった。

「姉ちゃん」

マツダくんが言うと、女の子が部屋に入ってきた。

床に腰を下ろして、トレーナーのポケットに手を入れたかと思うと、袋入りのチョコレートやビスケットをいくつも取り出した。

マツダくんは、姉ちゃん、と言っていたが、妙だと思った。服装のこともそうだが、それよりも、顔がまるで似ていないのだ。

マツダくんは目の細い、いつも笑顔のように見える顔立ちの少年だったが、お姉さんのほうの顔を見ると、カエルのような丸い目が特徴的だ。

そのことが気になりつつも、結局三人一緒に話をしたり、カードゲームをしたりしているうち、夕方近くになった。

じゃあそろそろ最後にしようか、と言いながらお姉さんがカードの束を切り始める。と、すぐに「い」と言いながらそれをばらばらと床に落とした。

それからその床に散らばったカードの上に、点々と黒い染みが落ちた。お姉さんがカードで手を切ったらしかった。

いけね、とマツダくんが言いながら部屋の電気を点け、机のひきだしを幾つか開けた。それから、一階のほうへと階段を下りていく。絆創膏でも探しに行ったのだろう。

お姉さんのほうを見ると、痛みに耐えているのか、カードの上に落ちる血を見ながら無言で下唇を噛んでいた。

大丈夫ですか、あの、これ、そう声をかけながらティッシュを渡した。同時にカードに落ちた血もそれで拭った。

妙に思ったのはそのときだ。

血が黒い。

先ほどまでは部屋の明かりが点いていなかったのもあって気付かなかった。それが、マツダくんが明かりを点けていったのに加えて、白いティッシュで血を拭きとったせいで、はっきりとした違和感として目に入ってきたのだ。

光の加減とか、個人差とか、そういうものでは到底片付けられないほど、血が黒い。

学校の書道で使う、墨汁のようにすら見える。

切り方が悪かったのか、それがかなりの勢いで出てしまっている。トッ、トッ、トッ、とカードの上に染みを作っていく。

拭きとりながら、もうひとつ妙に思った。

血が糸を引いていて、何か強い粘性を持っているような感じなのだ。

なのに次々傷口から落ちていくので、最初はサラサラの液状のものが、空気に触れて固まっている、というような状態に見える。

もしかして、と思って、血の落ちたカードの一枚を拾い上げてティッシュの上で慎重に傾けると、玉のように固まった真っ黒な血がコロコロと転がり落ちた。


と、階段を上がってくる音とともに、マツダくんが現れた。

手には消毒液らしい小さなボトルと、大袈裟なことに包帯の束を持っている。

そのままお姉さんの横にしゃがみ込むと、サクイさんのほうを見て、言った。

「姉ちゃん、ケガしたみたい。サクイさ、悪い、今日これで終わりね」

そう言われてしまって、急に何かバツが悪くなり、見送りもないままマツダくんの家をあとにした。

その出来事のあともマツダくんとは普通に遊んでいたが、結局家に行ったのはその一回きりだったという。


「いやね、何でもない、気のせいみたいな話に思えるかもしれないけど、自分の中では不思議な記憶なんです。あれ、本当に普通の血じゃなかったんですよ。血じゃありえない黒だったんです。拭き取ったティッシュが、墨につけたみたいに真っ黒になってたんですから。それに思えば、あのマツダくんの姉というのも妙でした。喋るのもポツポツ、って感じだし、言葉のニュアンスも妙にたどたどしくて。ああそうだ、あとあの部屋を出るときに、何か油みたいなにおいが濃く漂ってるのに気付いて……」

サクイさんは一息に言って、躊躇うように視線を左右に彷徨わせてから、こう付け加える。

「だからあのあと、ちょっと困っちゃったんです。もしかしたらマツダくんの血を見ればそのときのことを確かめられるかもしれないから、何とか……って。図工の時間で彫刻刀使ったりとか、あるじゃないですか。何か手が滑ってみたいなことで、切ったりできないかな？　って。そういうことをいつの間にか考えてしまう自分がいて」

マツダくんと遊んだりするたび、気が気じゃなかったです。

そう言って話を終えた。

瓶のミミズ

「子どものときね、同級生のイトウくんが瓶詰めのミミズを学校に持ってきたことがあったんですよね」

不思議な話や怖い話はないかと尋ねていて、こういう、別方向のというか、いわゆる「リアルに嫌な話」が返ってくることはままある。

そのときも「それは何というか……リアルに嫌な話ですね？」と思ったままの感想を口にしてしまったのだが、私のその言葉に対する返しは、思ってもみないものだった。

「ああ……ああ、いや、違うんです。違うっちゅうか。たぶん、ミミズがいっぱい瓶の中に入れられてるものを想像されてるんじゃないかな。そうじゃなくて、一匹の大きなミミズが瓶詰めになってたんです」

タキタさんはそう言うと、実に奇妙な話を語り始めた。

タキタさんが通っていた小学校は山の中の土地を切り開いたような立地にあって、幼い頃から自然はごく身近なものだった。

そんな環境の中でもイトウくんはやや特殊な級友で、ほとんど野生児のようなところがあった。学校の裏山に遊びに行けば、道のないところへどんどん入っていく。夏が近くなると学校にカブトムシやクワガタを持ってくる。親が「山を持っている」という噂がある。……などなど、そんなエピソードには事欠かないイトウくんなのだが、梅雨のある日に起きた出来事は、そんな「ちょっと変わった同級生」程度の言葉で済ませられる範疇を超えていた。

給食が終わったあとの昼休みの時間のことだ。

タキタさんの席から右斜めにいくつかいったところにイトウくんの席がある。何となくそちらに目をやった。

イトウくんが頬杖をつき、机の上に何かを置いて眺めているのに気がついた。

瓶に何かを入れたもののように見える。瓶の大きさは缶ジュースの缶より少し小さい程度のもので、スーパーによく売っているジャムか何かの瓶のラベルを剥がしたものだろうと思える。

奇妙なのはその中身だ。茶色めいた一塊の肉というか、キノコというか、そんなものが隙間なく詰まっていて、それだけならまだしも、何となく動いているように見える。

タキタさんはしばらく呆気にとられたようになって、自分の席からそれを眺めていたが、すぐに他の男子生徒たちがイトウくんの席を囲んでしまった。こうなってしまうと、自分の席からではイトウくんの机の上のものを観察できない。それでも何となく未練がましくそちらを見ていると、イトウくんと男子生徒たちの会話が耳に入ってくる。

イトウ、何よこれ、気持ち悪いな。……ああ、これね、ミミズ。……いやミミズなわけないだろって。……ミミズだよ、××食べさせたらでかくなっちゃったんだ。

よく聞き取れなかった、というよりは、聞いたことのない言葉だった。××とは何だろう。いや、そもそも、先ほどチラリと見えた瓶の中のものとミミズとが、まるで結びつかない。

もしあれがミミズなのだとすると、校庭の鉄棒ほどの太さのミミズがとぐろを巻いて収まっていた、というようなことになりそうだ。

タキタさんはイトウくんと特に親しいわけではないので、面と向かってそれについて訊くこともできない。ただその日の下校時にイトウくんが布製の赤い巾着袋を手から提げているのを見た。おそらくその中にあの瓶が入っているのだろうと思えた。


イトウくんが学校に来なくなったのは、その翌日からだ。

それがなぜか三日続いたあとになって担任から「イトウくんは家族の都合で遠くの街に引っ越すことになった」と告げられた。

そのすぐあとに、どこからともなく「イトウくんの一家は夜逃げしたのだ」という噂が流れ出した。

それだけなら別におかしな話ではないが、しばらくすると噂の内容が妙なものに変わってきた。

「空き家になって残されているイトウくんの家に幽霊が出る」というのがそれだ。

遊びの一環でイトウくんの家に侵入した生徒がいたらしい。縁側から上がって奥まった場所にある台所に入ると、白い寝間着のような服を着た女がこちらに背を向けて立っている。流しに手をつくようなポーズのまま、じっと身動《みじろ》ぎする様子もない。気付かれないうちに立ち去ろうとして後ずさった瞬間、足元が、ギッ、と音を立てた。女がこちらを振り向く。ふたつに分けた前髪の下、その真っ白な顔の上には、両の眼がなかったそうだ。

イトウくんの家は年季の入った木造の建物がいくつか寄り集まったもので、その大きさから近所でもよく知られていた。

それが今ではがらんとして静まり返っており、どこか不気味な雰囲気を帯びているのは確かだ。

それでも、幽霊が出るというのは突飛《とっぴ》に過ぎる。出る理由がない。それに、肝心な噂の出どころである「体験した生徒」が誰なのかがはっきりしないという点も不可解だ。

数ヶ月もすると噂は風化していって、生徒たちの間で話題に上ることもなくなっていった。

それから一年あまりが経って小学校の卒業の年、タキタさんは進学にあわせて別の街に引っ越すことになった。

引っ越しを前にした春のある日、ずっと住んだ場所を離れることへの感傷的な気持ちもあったのか、タキタさんは特に目的もなく自転車を走らせていた。そこで件《くだん》の「イトウくんの家」の前に差し掛かった。

門は鎖で封じられているが、周囲の柵は低く、入ろうとすれば入れそうだ。だからタキタさんがそこに足を踏み入れたのは小さな好奇心からで、少しだけ様子を見たら立ち去るつもりでいた。

人が住まなくなってからそんなに経っているわけではないのに、家にはもう「空き家」と「廃屋」の中間のような空気がある。

家の正面の窓はシャッターが降ろされており、中の様子は窺えない。右手に見える車庫はぽっかりと何もない空間になっている。

庭を横切って、玄関前に立った。どうせ施錠されているだろうと思った引き戸は、ザザザ、と引っ掛かりを感じさせながらも半分ほど開いた。

そこから中を覗き込んで、ぎょっとした。

目の前の廊下からその奥に続く部屋まで、家の内部は床板がすべて取り払われ、床下構造とその下の地面が露出している。

その光景の異様さに驚いたタキタさんは、すぐにその場を立ち去った。

家に帰るまでの間、空き家へ侵入したことへの罪悪感のようなものが背後から追ってくるような感覚に襲われた。

「それからはもうあの辺りには行ってないので、今どうなってるかというのも分からんくて。ただ、思うのはね。これは何となくなんだけども。あのとき、実は台所を見ようとちょっと思ってたんですよ。そう、イトウくんの家に入ったときね。でも、見なくて本当に良かったなって」

理由は自分でも分からないが強くそう思うのだと言って、タキタさんは話を終えた。

顎門

四十代の主婦の美里さんは、七歳の頃に家族旅行でオーストラリアのリゾート地を訪れたことがある。ただ、幼かったのでそのときのことをあまり憶えていない。それでも写真は残されていたようで、高校に上がる頃に引っ越しをした折、母親が書斎からそのときのアルバムを見つけてきた。

アルバムの中には幼い美里さんの様々な姿が収められていた。

ある写真の中では、ショッピングモールらしき場所で大きなソフトクリームを舐めている。

別の写真では、ホテルのベッドで眠っている。

「この写真、憶えてる？」

母親が訊いてきたのは、水族館を見て回っている様子を写した中の一枚だ。

父親が撮影しているのだろう、美里さんと手を繋いだ母親がカメラに向かってピースサインをしている。

少し不思議に思ったのは、それまでの写真に登場していなかった若い女性が美里さんの隣に立っていることだった。タンクトップにキャップ、リュックを身に着けた典型的な観光客といういで立ちで、にっこりと笑顔をこちらに向けている。見たところ、美里さんたちと同じ日本人に思えた。

その場で偶然に同じ日本人観光客と遭遇したのだろうと考えれば特におかしなところはない。それでも、見ているとなぜか不安になる。

その理由を探していて、気付いた。

母親と女性の立つ後ろに大きな水槽が写っている。

その中、ちょうど女性の真後ろで、巨大な魚が大口を開けている。女性を頭から呑み込もうとするかのように。

「どう？　憶えてる？」

母親に訊かれて、ううん、分かんない、と答えた。

するとは母親は「そう」と言った。

美里さんが写真に写っているものについて尋ねようとしたところで、母親はアルバムからその写真を一枚、ペリペリと剥がすと、ふたつに畳んでゴミ箱に捨ててしまった。

それを見た美里さんは、その写真について結局何も訊くことができなかったそうだ。

「変なことがもうひとつあって」

その日以降、旅行での断片的な記憶をいくつか思い出したが、その中に妙なものが紛れ込んでいるという。

美里さんは珊瑚礁の広がる海で海水浴をしており、浮き輪で波に揺られているのだが、ふとビーチが遠くなっていることに気付く。さっきまでは足がつくくらいの深さのところにいたのに、と思いながら、足元のほうに目をやる。

海はよく澄んでいて、陽光が射し込むと水中の景色が透けて見える。遠近感が掴めず、どれほどの深さなのかも分からない。高所の不安定な足場に立っているような恐怖に、足がすくむ。

ふと海面に注がれていた陽光が雲で遮られたかと思うと、もう一度射し込んで、再び海の中の様子を照らし出す。

目を疑った。

海底のほうから海面に向かって、昆布のような帯状の海藻が幾条も伸びている。幅だけで美里さんの身長の三倍も四倍もありそうな、巨大なものだ。

それらが揺れる中に、レースのカーテンのような白い衣服を身にまとった女性が身を横たえていた。

浮き上がることを阻むように手足に海藻が絡みついており、女性もかなり巨大な姿をしているということが分かる。瞼を閉じ、眠るかのようにただ海中で漂っている。

記憶はそこで途切れてしまって、だからそれが実際にあったことなのかは分からない。


ただ……、と美里さんは何かを思い出すように顎に手をやると、

「母が捨てた写真に写ってた人と、あの海の中で眠ってた人。同じ人だったんじゃな

いかな？　って、何となく、そういう気がしてるんですよね」

そのように言って話を終えた。

不安

Y田さんが埼玉県内のとある山に登りに行ったときのこと。

その山の登山口へのアクセスはやや独特で、舗装路の終端にある獣避けのゲートを開けてくぐり、林道をしばらく走ると駐車場に辿り着く。

その林道での話である。


ゲートをくぐってしばらくはそれまでの舗装路と何ら変わらない道だったが、徐々に路面が荒れてくる。ナビにも地図は表示されず、とりあえず目の前に見える道を辿っていくしかない。これまでの登山でも似たような経験が他にないわけではない。ただその場合にも、ゲートをくぐって数分も走れば登山口、というのが普通である。それがここでは十分ほど走っても到着しないので、妙に思った。

道の脇に何かあると思ってスピードをぐっと落としてみると、黒い柱状の石が不自然に何本か固まって転がっている。通り過ぎてから、もしかしてあれは地蔵だったのではないか、と急に思えてきて、ぞっとした。

そうして更にいくらか進むと、道の右脇に草木に埋もれるようにカーブミラーが立っているのが見えた。

左方向へ伸びるダート路と交わって、T字路になっているのだと分かった。

初めての分岐に戸惑う。どちらに進めば登山口なのだろうか。

恐らく直進だろうと思えるが、これまで妙な道を走ってきたせいか、確信が持てない。

そのようなことを考えながら、徐行気味にカーブミラーの目前まで差し掛かる。

ミラーは支柱がかなり老朽化しており、もともとのものと思われるオレンジ色の塗装と、焦げ茶色の鉄錆びが半々といった様子だ。鏡面も汚れがこびりついており、役目を果たしていない。それ自体はこういった山道ではたまに見る光景だが、ひとつ妙な点があった。

車のナンバープレートを横半分にしたような大きさの木の板。それが、支柱にくくりつけるように針金で留められている。もしや、と思った。

これだけ分かりにくい道なのだから、こうして登山口への案内を掲示しているのではないか。

カーブミラーの目の前に車を寄せる。板はウインドウからは少し高い位置になるので、覗き込むように表示を確かめる。

黒のペンキか、太いマジックペンか、滲んだ字で、こう書かれていた。


「不安」


えっ、と思って、しばらく固まっていると、ゴゴゴゴッ、と音がする。

交差しているダート路のほうから白い軽トラがやってくるのが見えた。

一瞬、道を訊いてみようかと考えたが、なぜかそれが気まずいことのように思えて、Y田さんは停車していた車を発進させた。

この道を走り慣れているのか、軽トラは結構なスピードを出したままT字路を曲がると、みるみるうちにバックミラーの中で小さくなっていった。

結局、道を直進して三分ほど走ると、登山口の小さな駐車場に辿り着いた。

しっかり山頂を踏み、昼食を食べてから車まで戻ってきたが、後頭部に何かが引っ掛かっているような感じがあって、登山そのものにあまり集中できなかった。山頂からの眺めの印象も希薄だ。

駐車場に案内板があり、自分が来たのと逆方向に伸びる道からも一般道まで出られると分かった。

そちらに車を走らせると、ものの五分とかからず、すんなりと道路に出た。


帰宅し、晩酌をしながらその日のことを思い返していて、何が頭の中に引っ掛かっていたのか、ようやく分かった。

あの軽トラだ。

やってくるのを正面からはっきりと見たはずなのに、運転手の顔の印象も、服装の印象も、まるで思い出せない。

それどころか、誰も乗っていない、空っぽの軽トラがこちらに走ってくる映像が、はっきりと浮かんできた。

軽トラの白い車体、有名自動車メーカーのロゴ、ボディに貼りついた枯れ葉、泥の汚れまで、鮮明に記憶にあるのに、運転席は空だ。

その記憶の映像で、Y田さんはバックミラーの中で小さくなっていく軽トラを見送るが、荒れた道で車体はそれなりに揺れているはずなのに、ナンバープレートの表示がはっきりと目に入ってくる。

そこには「不安」と書かれている。

セナ

ヒカリさんのお父さんは、フォーミュラ・ワン自動車レース、いわゆるF1が大好きだったそうだ。

過去形で書いたのは、それが三十年ほど前のことだからだ。

あるときを境に、ヒカリさんのお父さんはF1から離れてしまった。

ヒカリさんが話してくれたのは、そのきっかけについての不思議な話である。


週末の休みの昼頃リビングに入ると、お父さんがビデオに録画したF1を見ている。

そんな光景がヒカリさんの日常だったそうだ。

ヒカリさんも何となく一緒に見ることがあったが、不思議だったのは、たまにお父さんがレースの中途半端な箇所で急にビデオを止めてしまうことだった。一時停止ということではなく、突然ビデオデッキの電源を落としてテレビを消してしまうのだ。それからおもむろにテーブルの上の新聞などを手に取って読み始めるのだが、そんなときのお父さんの様子は、子どものヒカリさんの目から見ても、心ここにあらず、といった様子だった。

「なんで止めちゃうの？」

と訊いたことがあったが、

「だめだよ、今日は。つまらん」

と、お父さんはそれだけを返してくる。

ヒカリさんも、そもそもF１のレースのおもしろいとかつまらないとかいった「機微」が分かっていたわけではなかったので、ふうん、そういうものか、程度に思ったそうだ。

夏休み中のある日だ。

ヒカリさんが夜中にトイレに起き出して、二階の子供部屋からトイレのある一階まで下りていくと、リビングの電気が点いている。明るさからして常夜灯のようだ。

ドアは閉まっているが、何かの音もわずかに漏れ聞こえてくる。

リビングのドアは縦に細長い透明のガラスが中心に嵌め込まれたタイプで、中の様子が窺える。

中を覗くと、お父さんがテレビを見ていた。Ｆ１レースだ。

そういえば、今日の昼も見ていたけど、急にビデオを止めてたな。やっぱり最後まで見るんだ。

そんなお父さんの行動を不思議に思いながら眺めていると、その様子が妙だと気付いた。

同じ箇所を巻き戻しながら、繰り返し再生しているのだ。

テレビをよく見ていて、お父さんが何をしているのか気付いた。

コーナーでコントロールを失った車が、芝生を超えてコース外側のフェンスに突っ込んでいく。

衝突して炎上する車体と、消火器を持って群がる人々。

事故の場面だ。

事故の様子を、繰り返し、繰り返し、見ているのだ。

ヒカリさんはなぜだか怖くなって、トイレを我慢して静かに二階に戻った。

気がつくと眠ってしまっており、朝リビングに下りるとお父さんは出社したあとだった。

あとになって、そのときのことは自分が寝惚けていただけだろうと考えた。

しかし、それ以降もたまにお父さんがF１のビデオを急に止めてしまうところを見たので、それだけではないというのも同時に思っていた。


翌春のある日のことだ。

日曜日の朝、自分の部屋から一階に下りていくと、玄関のところに二箱の段ボール箱が積んである。

何だろうと思っていると、家のドアが開いて外からお父さんが入ってきた。その際に家のすぐ前に停められた車のバックドアが開いているのが見えた。荷室には玄関に置かれているのと同じような段ボールがすでに二箱積まれている。お父さんは「おお、おはよう」と一言だけヒカリさんに言って、玄関に積まれた段ボール箱も車の中に積み込んだ。持ち上げるときに腰を入れる様子から、それなりの重さがあるものだと分かる。

荷物を積み終わったお父さんはすぐに車を出してどこかに行ってしまったが、昼食は一緒に家で食べた記憶があるから、昼までには帰宅していたはずだ。この日のことを何となく憶えているのは、すぐあとに起きたある事件と、以後のお父さんの変化のせいだ。

セナ

しばらく経ったある日、夕食の時間のことである。

リビングで点いていたテレビのニュースの冒頭で流れたのが、「アイルトン・セナの事故死」についてだ。

日本時間で昨日の夜に行われたレースでセナが事故を起こし、救護もむなしく死亡した、という内容を伝えていた。

今となっても〈世界最高のＦ１ドライバー〉として名高いセナの死は、当時世界に大きな衝撃を与えた。

お父さんと一緒に見ていたF１のビデオでセナの走りは何度も見ていたので、この事故の報にはヒカリさんもとてもショックを受けた。

ただ、このとき気になったのはお父さんの反応だ。

頭のどこかで、怖い、見ないほうがいい、と感じながらも、同じテーブルを囲んでいたお父さんのほうへ目線を向けた。

お父さんは無表情でテレビを見つめていた。

数十秒か数分かの時間が経って、お父さんが「ああ……」と言った。

「……あーあ」

それだけだった。

そうしてふいに画面から視線を外すと、興味のあるものは何も映っていなかった、というようにテレビを消して、止まっていた箸を再び動かし始めた。

ヒカリさんの家ではいつもテレビをつけながら夕食を食べていたので、この日の静かな食卓のことはよく憶えているそうだ。

それからお父さんがF1のビデオを見たりすることは、少なくともヒカリさんの知る限りでは、一度もなかった。

車の雑誌なども家からほとんどなくなっていたので、あの事故がお父さんを変えてしまったのだろうと思えた。

気になるのは、お父さんが車で段ボールをどこかに運び出していたあの日のことだ。思えばあの日以降、お父さんの部屋が妙に整頓されていた。今思うとあれは、録り貯めたF1のビデオだったのだろう。それをゴミ処理場かどこかに持っていった。

だから、ヒカリさんは思うのだ。

どうやってか分からないが、お父さんは、F1で起こる事故のことをレースを見る前に知ることができたのではないか。だからあの日、セナが死ぬことを事前に分かっていたのだ。そしてそれによって、自分の中のF1も死んでしまった。

このことについてヒカリさんは自分の中で確信に近い思いを抱いているが、お父さんにそれについて訊くことはしていない。

あれ以降何か「無趣味」のようになってしまったお父さんにそれを訊くのは、残酷なことのように思えるから、だそうだ。

あの夜のこと

四十代半ばの男性のタカミさんは、高校の修学旅行で行った京都で、飛び降り自殺らしきものを目撃してしまったという。

宿泊先のホテルでのことだ。

部屋はそこそこの高層階で、一室に四人で宿泊する。

夜の消灯時間前、同室の友人たちと盛り上がっていて、何となく部屋が暑く感じて風を通したいと思った。

窓の鍵を上げて軽く押すと、冷たい夜の風が部屋に流れ込んできた。

こうしたホテルの窓は普通は安全対策のために開かなくなっているが、このときはなぜか開いたことを不思議に思わなかったそうだ。

窓から夜の街灯りを眺めていると、わずかに眼下に見える近くのビルの屋上に目が留まった。

へりに人が立っている。

屋上の照明に加えて、ワイシャツのような白い衣服を着ているので、シルエットがはっきりと見てとれた。

ビルの屋上は金網もなく、そこにじっと立っている人の姿を見て、胸のざわめきを覚えた。

と、すぐ隣に友人のシモダが顔を出した。

最初は「夜景、すっげ……」などと言いながら景色を見渡していたシモダだが、すぐに件の人の姿に気付いたようだ。

「おい、あれ」とシモダが話しかけてくるのに対して、タカミさんは何となく感じていた不安を口に出すように「大丈夫かな？」と答える。

シモダがしばらく視線をそちらに向けていたかと思うと、何を思ったか、驚きの行動に出た。

「おーい!!」

大声で呼びかけたのだ。

「わっ、馬鹿」言うが早いか、窓を閉めて身を隠すように座り込んだ。

「何してんだよ……」と窘めるが、シモダの反応がない。

シモダのほうに目をやると、目を見開いてこちらをじっと見ている。

それから、口をぽかんと開けて「あ……」とだけ言い、また数秒沈黙して、

「……落ちた」

そう言葉を続けた。

タカミさんはその瞬間こそ目撃しなかったが、何となくそういうことになるという予感がしていたので、シモダのその言葉を冗談とも思わなかった。

その夜はもうそのことが話題に上ることはなかった。


翌朝起きるとすぐに窓から外を確認してみたが、何も変わった様子はない。

夜のうちに事態の収拾がついてしまったということだろうか。

それにしても気掛かりなのは、あの「飛び降り」について、シモダの呼びかけの声

が何かのきっかけになったように思えることだ。

だとしたら、それはとてもまずいことなのではないか。

何らかの罪にあたることなのではないか。

そう思ったが、遅れて起きてきたシモダ本人は何も気にしていないようで、窓の外を一瞥すると、「いいな。朝の街」と、それだけ言った。

タカミさんも蒸し返すつもりはなかったので、その場はそれで終わってしまった。


すぐ近くで飛び降り自殺があったのなら、何かしらの騒ぎになっているのではと思っていたが、特にそんな様子はない。

朝食を食べたホテルのレストランでも他の宿泊客がそれを話題にしているようなこともなく、自由行動で外に出たときもおかしな様子はなかった。


何となく胸のもやつきを抱えたまま、修学旅行が終わり、受験の一年を乗り越え、タカミさん達は高校を卒業した。

シモダとは家も近所だったが、大学に上がるとあまり会わなくなった。

だからシモダがあの日見た光景についての詳細も聞けずじまいになってしまった。

もう二十年近く前のことになるが、シモダが大学近くの商業ビルの上から飛び降りて命を絶ってしまった理由も、分からないままだという。

鹿の葬式

キダタニさんは子どもの頃に何かの本で「鹿は群れの仲間が死ぬと葬式をする」という記述を読んだ記憶がある。

鹿は群れの仲間が死ぬとその遺体を花畑の中や巨木の根元に運んでいき、落ち葉や土をかける。それからその日の晩を遺体の周囲で見守るように過ごす。そんな内容だったらしい。

しかし、今になってネットで調べてみると、そんな話はどこにも載っていない。だから、単純に考えるとそれは単なる記憶違いである。

記憶違いならそれだけの話、ということになるが、この話が奇妙なのはここからだ。

キダタニさんには、実際に「鹿の葬式」を見てしまった記憶がある。

中学生の頃、修学旅行でのオリエンテーリング中のことだそうだ。気心の知れた女子同士の四人組で、チェックポイントとなる自然の景観や史跡を巡りながら一日かけて歩く。

宿泊施設として使われたのは大きな温泉旅館で、周囲は緑に囲まれている。オリエンテーリングのコースも旅館の周辺だったので、自然豊かな中を歩くハイキングという趣《おもむき》だ。

最後から二番目のチェックポイントはちょっとした山の上に立っている寺院だった。苔むした石畳の道が斜面をつづら折りに続き、道の両脇は木々が生い茂っている。その日は九月末とはいえ半袖で充分なほどの気温だったので、木々が陽の光を遮ってくれるのは有り難かった。時折風が吹き抜けては、運動で火照《ほて》った体を心地良く撫でていく。

寺院は古びているが立派なものだった。宿泊している旅館のある温泉街まで一望できるベンチがあり、そこで軽く休憩してから次のチェックポイントを目指すことにした。

オリエンテーリングの説明で事前に配られた地図を見ると、登ってきた道を往復する形で下りるのではなくて、別の道を使って違う方向へ下りていくようになっている。この下りの道が、登りの道とは打って変わって木の根が張り出す中を歩いていくような山道だったそうだ。

とはいえチェックポイントは次で最後で、そこを越えれば旅館で夕食と温泉が待っている。ちょっとの苦労はそのためのスパイスと思って、同じグループの友人たちと話をしながら道を下っていった。

十五分ほど下ったところで、あたりに妙なにおいが漂っていることに気付いた。

「なんか、におい、しない？」

「なんだろうね。花とか？」

確かに何かの花のにおいにも思える。ただ、それにしては濃く香ってくる、蜜を煮詰めたとでもいうのか、貼りつくような甘いにおいだ。

周囲は緑が濃いばかりで花の色は見えないので、何となくにおいの発生源が気になる。

位置的にもすぐ近くに思えたので、鼻を頼りに少しだけ道から逸れて森の中へ入ってみた。

果たして、二分もしないうちにそれを見つけた。

地面に敷かれた絨毯のように、白や紫の背の低い花が群落をつくっている。

においはかなり濃くなっていたが、鼻が慣れてしまったのか、嫌な感じはしなかった。

周囲は開けていて、大きな木が一本だけある。幹回りはキダタニさんが手を回そうとしても反対側に届かないだろうほどの太さがあり、根元は四人で座れるほど大きく広がっている。

だから最初は、根の一部だと思ったのだ。

奇妙な黒いこぶのようなものが大きな根の一本から張り出している、そのように見えた。

近付いてみて、それが折り畳まれたようになった動物の体だということに気付いた。

胸のほうに巻き込むように曲げられた首の先、黒い瞳には生気がなく、動物はもう生きていないと分かった。

周囲を囲む花とのコントラストもあるのか、毛皮はかなり黒っぽく見え、しばらくそれが何の動物なのか分からなかった。

怖い、という感覚はなく、周囲の神秘的な雰囲気もあって、むしろ荘厳な、何か特別な出来事に立ち会っているような、そんな感慨を覚えた。

最初にその死体に気付いたキダタニさんの周囲に、グループの友人たちも集まってくる。皆でそれを覗き込む形になったが誰も喋らなかった。

そうやって暫し沈黙の時間が過ぎた。

「あっ」

友人の一人が小さくそんな声を漏らして、それからキダタニさんのシャツの袖を掴むと、なぜか小声のまま言った。

「ね、もう行こ。ほら、ほら」

何となく焦っているような様子があったので、それに気圧《けお》されるように、グループの全員で元の道に戻った。

山を下る途中、誰も言葉を発しなかったが、森を抜けて視界の先に舗装道が見えたとき、グループの一人が口を開いた。

「ね。さっきのさ……」

全員が顔を見合わせたが、誰も言葉を継ごうとしない。

妙な沈黙が流れてから、先ほどあの場を去るように皆を急かした一人がぽつりと言った。

「鹿がいたんだよね」

キダタニさんはすぐには言葉の意味を汲み取れなかった。ただ、そのときに初めて、ああ、あれは鹿の死体だったたんだ、と思った。

言葉を発した友人が続けて言った。

「……あの木の向こうの森の中に。五匹か、六匹か、鹿がじっとこっち見てた」


旅館に戻ってから、他のグループの学生にあの山の上の寺院からの下りの道の様子を訊いてみたが、「普通に舗装されてた道を通ったけど」と言う。そう言われてしまうと、突然あまり変な話をするのもと思ってしまい、「なんか私たち、山道みたいなとこ下ってきちゃって、大変だったわ」と笑い混じりに返すばかりだった。

冒頭に記したキダタニさんの子どもの頃の記憶は、オリエンテーリングで見た不思議な光景を自分の中で消化しようと反芻するうちに思い出したものだという。

だから何となく、「無意識のうちに自分で自分を納得させるために作った虚偽の記憶」にも思えるらしい。

ただ、そう思えばそう思うほどに、記憶のイメージは確かなものに具体化していくような感覚もあって、今では「鹿の葬式について本で読んだ記憶」と「オリエンテーリングで実際に鹿の葬式を見た記憶」のどちらが先にあったものか、曖昧な感じがするのだそうだ。

幽霊相談

「…てかさ、変なこと訊くね。幽霊っているのかな」

ナナコさんが友人のムツミさんと電話で話していると、突然そんなことを言われた。いかにも唐突な言葉だった。それまで十五分も当たり障りのない世間話をしていたのだ。

とっさに反応できず黙っていると、ムツミさんは続いてこんなことを言う。

「ちょっと前から部屋に幽霊いるみたいなんだよね」

何か言葉を返さなければと思って、えっ、何、どういうこと？　と訊くのだが、そのときには電話はぷっつりと切れていた。

話の流れを全く無視してそんな話題が出てきたのも妙だったし、声にも冗談とは思えないトーンがあった。

それも含めて悪ふざけだというのなら、すぐにでもネタばらしをしてほしい。

そんな思いで、電話をかけ直した。

ムツミさんはすぐに電話に出たが、最初の言葉は「ん、どした？」というものだった。

「いや、さっきしてた話さ……」と話題を振ってみるのだが、どうにも噛み合わない。

「さっき？　何のこと？」

ムツミさんいわく、今日ナナコさんと通話するのは今が初めてだし、人違いではないかと言う。

ナナコさんも状況が理解できず考え込んでしまう。

そこに「ちょっとよく分かんないから、詳しく」と言われたので、つい素直に「いや、何かあんたが部屋に幽霊が出るとかって……」と言葉が口を突いて出た。

「何それ。ふざけてるならやめてよ」

険悪な空気になり、結局会話は平行線のまま、どちらからともなく通話を終えた。

もやついた気持ちを抱えたまま入浴を済ませて部屋に戻ると、ムツミさんからメッセージアプリに連絡が入っていた。

「ごめん」、謝意を示すスタンプ、次いで「やっぱりナナに幽霊相談したかも」とメッセージが続いている。

どう反応したものかと思ったが、とりあえずこちらも謝るところから、と考えて、「いやいや！　こっちこそ変なこと言って……」と打ち込む。

と、それを送信する前に、ムツミさんの次のメッセージが続いた。

「カレンダーのアプリにいつも予定入れてるんだけどね」、「今日のとこに　ナナに幽霊相談　って入ってたんだ」


それから詳しいところを尋ねてみても、自分ではそんな予定を入れた覚えもないし、もちろん幽霊や妙なこととの心当たりもないという。

話を聞きながら、心のどこかで全てムツミさんの冗談であってほしいと思っていたが、携帯を見ると最初の通話の履歴が残っておらず、やはり不可解なことはあったのだと考えざるを得ない。

こういう話の苦手なムツミさんはカレンダーアプリの件がかなり怖かったようで、

「もう寝るね」と会話を一方的に打ち切ってしまった。

しつこく訊いて嫌われるのもな、と考えたナナコさんもそれ以降は努めて一連の出来事を話題にしないようにし、それきりなのだそうだ。

やわらかく

「不思議な話。不思議な話か。そうだなあ。中学校のときの同級生に、Y夫というのがいたんですけどね。いや、単にクラスメイトで、友達ではない。特に親しかったわけではないです。ただ、その彼のことはね、未だにちょっと記憶の中で引っ掛かってるんですよ」

そう言ってT太さんが話し始めたのは、当時の同級生だったY夫の体に起きた奇妙な変化にまつわる話である。

「うおっ！　……うわ、うわ」

教室でT太さんが机に突っ伏していると、右前方から、男子生徒たちの感嘆の声が聞こえてきた。

少し顔を上げてそちらに目をやると、三人の生徒がひとつの机を囲んでいる。Y夫の席だ。

座っているY夫を囲んで何やら盛り上がっているようだ。

Y夫の背中越しに状況を観察していると、男子生徒たちの驚きの理由はすぐに分かった。

Y夫は仏像か何かのように右手の手のひらと指をまっすぐに立て、体の前に持ってくる。そしてその指を左手で掴んだかと思うと、ゆっくりと体側に反らせていく。指はみるみる反っていき、前腕と平行に近いところまで曲がっている。異様な柔らかさだ。

テレビで体操選手が似たようなことをやっていたのを見た気がするし、このこと自体は「できる人にはできる」というようなことなのかもしれない。

ただ、以前に、体育の授業でY夫が体の硬さをいじられていたのを見た気がする。ひょろ長いような体格のY夫なので、体の硬さが際立っておかしく見えるのだ。

そのときの記憶があるから、Y夫の指が柔らかいというのは奇妙なことに思えた。

その数日後の体育の授業、体育館でのことだ。

準備運動として二人一組で柔軟体操をすることになった。

となればやはりT太さんとしては、Y夫に視線が行ってしまう。

自分の柔軟体操をしながらY夫のほうをちらちらと窺う。

両足を開いて床につけたまま、上半身を前に倒していく運動。

Y夫は、できて当然という風に、べったりと上半身を床に向かって倒していく。

顔を横に向け、胸までが床につきそうだ。

T太さんはなぜだかその姿に見とれたようになってしまい、自分の組んでいるパートナーの生徒の「おい、おい、どした」という声でやっと我に返った。

「Y夫が体の硬さをいじられていた」という記憶は勘違いか気のせいで、実際にはY夫はもともと体の柔らかい男だったのだろうか。

T太さんがそのように考え始めていた頃のこと。

教室の後ろで他の男子生徒とじゃれ合っているY夫の姿が目に入った。

　何かの拍子にY夫の腕がぐっと引っ張られたところで、T太さんは目を剥いてしまった。

　シャツの袖口から前腕が四分の一ほど露出したように見えた。シャツの袖口がめくれたということではない。おそらく十数センチだろうか、Y夫の腕が伸びたのである。少なくともT太さんにはそのように見えた。

　呆気にとられた一瞬ののちに、Y夫の腕は元に戻っていた。

　Y夫の腕を掴んでいた当の生徒は何がおかしいのか大笑いしている。

　T太さんの胸に何かとても気まずい思いが湧き上がって、Y夫たちのほうからすぐに目を逸らした。


　決定的な事態は、水泳の授業中に起きた。

　授業の後半に時間が余り、自由にプールを利用してよい、となったときのことだ。

　T太さんの通う学校にはかなり大きなプールがふたつ備えられている。片方はコースで仕切られていて、もう片方はそうした仕切りが存在しない形だ。T太さんはプールサイドで休んでいたが、仕切りのないほうのプールの片隅にY夫の姿を見つけた。

Y夫は何をするでもなく一人でプールに浮かんでゆらゆらと漂っているのだが、その体がどことなく白いというか、青ざめているというか、そのように見えた。ぎょっとして教師にそのことを告げるべきかと一瞬考えたところで、もうひとつ違和感を覚えた。Y夫の体がいつもよりひとまわり大きく感じられる。普段ならそれはさすがに気のせいだと思うところだが、今までのことがあるので、もしかしたら……と考えてしまう。

周囲の生徒は異変に気付いている様子がない。Y夫の体が「のびる」のにしたがって、存在感も希薄になっているかのようだ。自分のそんな想像にぞっとする。ぞっとしながらもY夫から目を離せずにいると、今度はその手先と足先が水中に溶けかけるように消えているのに気付いてしまった。

次に気がつくとT太さんは保健室のベッドで天井を見上げていた。

そのまま起き上がれず昼下がりまでを過ごしてから、結局学校を早退した。

保健医からは、熱中症で急に倒れたのだと聞かされた。

水泳の授業でのことが金曜日で、土曜日も午前中は授業があったものの、体調が戻らず学校には行けなかった。

そうして結局、T太さんがY夫を見たのは金曜日が最後になった。


月曜日の朝のホームルームで、Y夫が亡くなったことを担任から聞かされた。

交通事故だったらしい。

クラスの皆で葬儀に出席したことも憶えている。

遺影のY夫の顔は、いやに青白かった。


T太さんは、Y夫の「死に向けて徐々に存在が希薄になっていく過程」を見てしまっていたのかもしれない、と考える。

だとしたら何か、Y夫に対して自分ができることがあったのだろうか。そんな後悔というか未練のようなものが、Y夫のことを忘れさせてくれない。

この話を人にするのはずっと抵抗があったそうだが、最近は状況やその場の話題によっては話すようにしているという。

「Y夫の件のあとね、これ、何となく癖になっちゃって」

話しながらT太さんは仏像か何かのように右手の指を体の前でまっすぐに立てると、左手で掴んだそれを体のほうに向けてゆっくりと反らせていく。

「最近、だいぶ柔らかくなってきちゃったんですよね」

前腕と手のひら、指を「コ」の字型を作るように折り曲げながら、そう言った。

隣の車

Ｋ田さんが免許を取りたての頃、運転の練習がてら週末のショッピングモールに行ったそうだ。

立体駐車場を登っていくと、下のほうの階層は満車に近いのだが、上層に行くにつれ空きが目立ってくる。

両隣が空いたスペースを見つけ、ここだと思って、何度かの切り返しの末に無事駐車した。

衣服や日用品を買って数時間後に戻ってくると、右隣にワンボックスタイプのグレーの車が停まっている。

その車の全体を見て、あれっ、と思った。

車のバックドアが大きくへこんでいるのだ。

事故か何かだろうか？　ちょっと擦ったとかそんな程度でなく、歪んで開けるのにも手こずるのではないかというくらい、大きくへこんでいる。

これを放置したまま走っているなんて、肝の据わったドライバーなのかもしれない。

改めて全体を見ると、ボディもウインドウもやけに汚れている。跳ねた泥や、白い埃の固まったようなものが付着しているのだ。

自分の車の運転席に乗り込む際に、思わず相手方の車内を覗き込んでしまった。

そこでまた、あれっ、と思った。

視線が留まったのは、ボディよりも明るいグレーの配色のダッシュボードだ。

そこに大学ノートが置かれている。

文房具店でよく見るような普通のノートで、真ん中あたりのページが開いてある。

罫線が引かれたページに、マジックペンと思しき太く黒い線でこう書かれてあるのが見えた。

「あまり見るなよ」

それが目に入った途端ゾッとして、なぜか車の持ち主が戻ってきたらまずいと思え、急いでシートベルトを締めて自分の車のエンジンを入れた。

出庫の際に車を当てたりしないようにと、もう一度隣の車に目をやる。自然、ダッシュボード上のノートも目に入ってしまった。

その途端に、背中や脇の下がぞわぞわと粟立つのが分かった。

ノートのページ上の様子が、一目見ただけで分かるほどに先ほどと異なっていたのだ。

「事故車は見せものじゃないぞ　あまり見るなよ」

それがページ全体を埋めるように乱雑で大きな字で書かれていた。

わあああっ、と声をあげながら車を発進させて、バックミラーを確認することもしなかった。

ノートの別のページが開いたというのも、風のない車内のことなので考えにくいし、そのとき見たものが何だったのか、考えてもまるで分からないそうだ。

対向車

イシダさんが今住む街に引っ越してきたばかりの頃の話だ。

近所の様子を知ろうと車を適当に走らせ、目に入ったスーパーで買い物をし、カーナビに従って自宅までの帰路を辿っていると、いつの間にか住宅街の中の狭い路地に入り込んでしまった。

ぐっと車のスピードを落とし、カーナビの示すまま進むが、一向に路地を抜ける気配がない。

そうこうするうちに、五十メートル以上ありそうな長い直線に出た。両脇にはこれといって特徴のない民家が並んでいる。昼下がりという時間帯ゆえか、人影はない。突き当たりは丁字路になっているように見える。道は相変わらず車がすれ違えないほど狭く、もし対向車が来たら困ったことになるな、と思った。

悪い予感は的中し、間もなく向かって右方向からグレーのワゴン車が入ってきた。待避できるような場所もなく、どうしようかと考えるうちに、ワゴン車はイシダさんの車が目に入っていないかのように真っ直ぐこちらに向かってくる。

軽くクラクションでも鳴らしてこちらの存在を伝えようか。そう思いながらも何となく躊躇していると、奇妙なことが起こった。

ワゴン車は直線の半ばほどで、スピードを落とさないまま、イシダさんから見て左方向に曲がっていったのだ。

道の左右にずっと住宅が連なっているように見えたのは、今まで通ってきた路地の様子から生じた先入観というか、錯覚のようなものだったのだろうか。あるいは、ワゴン車は路地の脇に立つ家の住人のもので、自宅の駐車場にそのまま乗り入れたか。

様々な考えが頭をよぎったが、すぐに我に返った。また対向車が来たら面倒なことになる。早く路地を抜けてしまおう。そう考えて車を進める。

すぐに先ほどの車が曲がっていったあたりに差し掛かった。ところが、どうも様子がおかしい。曲がり角などどこにも見当たらないのだ。絶妙な位置に電柱が立っていたので、死角になっていたのかと思ったが、電柱の先にも住宅が並んでいる。どの家も柵や塀で囲まれていて、そのまま乗り入れられるような車庫があるようには見えない。

ちょうどワゴン車が曲がっていったところで、何が起きたのか見極めようとアクセルから足を離した。

助手席側の窓を通して左を見ると、二階建ての一軒家が立っている。

広いとも狭いとも言えない庭には膝の高さほどもありそうな雑草が生い茂り、荒れ果てている。その奥に見える窓は内側から白いレースのカーテンがかかり、家の中の様子は窺えない。

二階に目を向けると、木で組まれたベランダが半分朽ちて大きく傾いていた。屋根もところどころ板材が剥がれている。

そうやって視線を行き来させているうち、黒く塗られたすぐ目の前の金属製の門に何重にも鎖が巻かれているのに気がついた。

もうずっと人が住んでいないのだろうと思った。

ではあのワゴン車はどこに行ったのだろう。

何も分からぬまま、その廃屋同然の住宅の前を通りすぎた。

丁字路に差し掛かり、左手に二車線の道路が見えてくる。そこを何台かの車が立て続けに通過していく。

タイミングを見てそちらの道路に入ろうとハンドルを切る直前、何となくバックミラーに目をやった。

先ほど進んできた直線の路地が映っている。

ずっと後方の、ちょうどイシダさんが最初に入ってきた曲がり角を、グレーのワゴン車がゆっくりと曲がってくるのが見えた。

もうそちらに目を向けることはせず、ただ前方の道路に合流することに集中した。

イシダさんはもうその路地には近付かないようにしているそうだ。

光

もう十五年近く前の話になるが、ヨシノさんは当時付き合っていた男性と、心霊スポットとして知られたダムを深夜に訪れたことがあるそうだ。

少し前にテレビの心霊番組でやっていたのを見て、自分たちの住む町から車で一時間程度の距離ということで、彼のほうから誘ってきたのだ。

ダムの上には大きな吊り橋が架かっていて、番組では、その橋を渡る半ばで、映像の中に奇妙な音声が混じり込んでいるという話になっていた。

もちろんそんなものを鵜呑みにするヨシノさんでもないのだが、かといって全く怖さや不安がないかといえば、そうでもない。

「彼がいるんだから大丈夫」と自分を納得させて、彼の運転する車で件のダムを訪れたそうだ。

これは、ダムで体験したこととその顛末についての話である。


町から離れて峠道をしばらく走るが、なかなか目的地に到着しない。

やけに静かな曲ばかりかけるラジオ番組を聞くともなく聞きながらさらに進むうち、道の脇に大きな看板が立ち始めた。

ライトで照らされて、それが観光客向けのレストランや駐車場の案内なのだと分かる。

程なくして大きな矢印の案内板と駐車場の入口が見えた。

車を入れようと思ったが、チェーンでゲートが閉じられてしまっている。日中しか開いていないらしい。

仕方なく車をそのあたりの路肩に寄せ、停車させる。

エンジンを切って車外に出ると、まだ九月に入ったばかりだというのに、半袖では少し寒いくらいの気温である。

風はなく、周囲の森は静まり返っている。自分たちの他に人がいる様子はない。

なんでこんなところに来てしまったんだろう？　とヨシノさんが思い始めたところで、目の前が明るくなった。

見ると、水筒のような形の大きなライトを手にして彼が立っている。

「あっちっぽいよ。行こうか」と言って、駐車場入り口のチェーンをまたいでいく。

駐車場を端まで歩いていくと、木々の間に潜り込むようにコンクリートの下り階段が延びていて、脇に、展望台と吊り橋へと道が続いていることを示す案内板が立っていた。


彼が先導する形で十五分ほど歩くと、急に道の脇を覆っていた木々が途切れた。

暗いので景色が開けているかは分からないが、周囲の空気が大きな空間を思わせるものに変わっている。吊り橋に出たのだろう。

彼が足元に当てていた懐中電灯の光を上方へ向けると、光はしばらく伸びてから闇の中へ呑まれていく。

その際に橋を吊っている太いワイヤーや何かが照らし出され、吊り橋が架なり大きなものであることが分かった。

何か圧倒されるような気持ちになって、彼の「結構雰囲気あるなあ」という言葉にも「うん……」と返すばかりになってしまう。

暗くて見えないだけで、自分の周囲には広大な空間が広がっていると思うと、強烈な寂しさというか心細さに襲われる。

テレビでは、夜中に吊り橋の真ん中まで歩いていくと向かい側から自殺者の霊が滑るようにやってくるのだとか、橋の真下から自分の名前を呼ぶ声が聞こえるのだとか言っていた。

今はまだ三分の一くらいのところだろうか。

真下も向かい側も、懐中電灯の光が届かないような闇が続くばかりだ。

と、横で周囲を見渡していた彼がこちらに顔を向けて、ヨシノさんの手を掴んだ。

「真ん中まで行こうよ」

そう言うか言わないかのところで、あたりが真っ暗になった。

「ん?」という彼の声と少しの沈黙があって、カチカチというスイッチの操作音がする。

光

できすぎた状況に、彼がふざけているのかと思ったが、繋いだ手から焦りが伝わってきたので、そうではないのだと分かった。

ちょっと待って、と断ってポケットから携帯電話を取り出した。ライトを点けると、足元に光の輪が広がる。懐中電灯に比べると心許ないが、何とか車まで戻ることはできそうだ。


不思議なことが起きたのは、その直後だ。

二人分の携帯の明かりで吊り橋の上を戻っていると、急に彼氏が立ち止まって光を橋の脇のほうへ向けた。

「なんか……」

とだけ言ったので、「何?」と訊き返すと、同時くらいのタイミングで、下方から光の筋が上がってきた。音こそないが、ちょうど弾ける前の打ち上げ花火のような感じだ。

続けて、四本、五本と光が上がってくる。

不可解で、普通に考えれば不気味な事態だが、それを見たヨシノさんは携帯のカメラのシャッターを切っていた。

光は断続的になおも続けて上がってくるので、繰り返しシャッターを切る。照らされて、ぼんやりと光を見上げる彼のシルエットが浮かび上がる。

それから、一際大きな光が上がってきたのか、あるいは別の光が橋の上をこちらに向かってきたような気もするが、その先しばらくのことを憶えていないという。


家に戻ってから、しばらくは何もなかったかのように普通に過ごした。

夜、自室にいたときのことだ。携帯に着信があり、ディスプレイを確認すると彼からであった。

電話に出ると、「あの時はごめん。でももう無理だ。本当にごめん」とだけ言われて、そのまま切られてしまった。

慌ててかけ直しても、出てもらえない。何なのか分からないが、とにかく直接話したいと思い、彼の住むアパートを訪れた。

しかし、アパートの前まで来たところで、ふいに彼に何を言えばいいのか全く分からなくなり、気持ちが萎えてそのまま帰ってきてしまった。

結局それ以降も彼には会っていない。

不思議なことに、吊り橋でのことからそのときの電話までの間、彼のことを忘れていたような気もするそうだ。


そのとき使っていた携帯の中には、吊り橋で撮ったあの光と彼の写真も残されているのではないかという。

それを見れば何か分かるかもしれない。

ただ、その気がどうしても起きず、その古い携帯は実家の仏壇に置いてそのままになっているらしい。

「ちょっと恥ずかしい話なんですが、ロックナンバーが彼の誕生日になってたはずなんです。で、それももう憶えてないので、中身は見られないんじゃないかと……」

ヨシノさんはそんな話を聞かせてくれた。

峠

　E太さんが仕事の有休の消化で作った休みの日に、隣県までドライブに行ったときの話だ。

　E太さんの住む街から隣県の目的地までは高速道路で直に繋がっている。ただこのときは運転を楽しむためのドライブであり、また特に急いでいるわけでもないので、下道で行こうと考えた。隣県とは山地で隔てられているので、自然、山の中を抜ける峠道を通ることになる。E太さんの車がそんな道に差し掛かったのが、朝十時頃のことだそうである。

平日ということもあってか、前後に他の車もなく、初夏の鮮やかな緑の色彩の中をゆったりと走る。

道はいわゆるつづら折りの形で、大きなカーブを繰り返しながら標高を上げていく。片側一車線で道幅は広いとは言えず、適度な緊張感がある。

何度かカーブを繰り返していると傾斜のある長い直線に出た。カーナビにちらりと目をやると、先に今までよりも大きなカーブがあるのが分かる。

気持ちアクセルを緩め、ハンドルを切りながら件のカーブを抜けようとしたときだ。

妙なものが目に入った。

カーブの外側にはガードレールを挟んで鬱蒼とした森が広がっているが、その中に一本、目立った大木がある。

周囲の他の木と比べても幹回りが倍近くあるように見える。ただ、大木があるというだけならそこまで気になるものではない。

目を惹かれたのは根元から三メートルほどの高さのあたりだ。幹に、神社や何かで目にするような紙垂《しで》が巻かれている。

周囲には車を停めるようなスペースすらなく、歩いて容易に辿り着ける場所にも思えない。

紙垂が巻かれた経緯や方法など、様々な点で奇妙だった。

そのようなことを考えているうちにカーブを通り過ぎて次の直線の半ばまで達していたので、その場は気持ちを切り替えて運転を続けることにした。


峠を抜けて隣県に辿り着き、景勝地の湖畔を歩いたり名物料理に舌鼓を打ったりして一日を過ごした。

道の駅で軽く仮眠をし、日も落ちかけた頃、帰路に向けて車を発進させた。

帰りは高速道路で楽に帰っても良かったが、なぜか行きに峠道で見た木のことが脳裏に甦ってきた。山の中でもう暗くなっているだろうし、見つからないかもしれないが、行くだけ行ってみようという気になった。


幸い復路も前後に車はなく、峠道を心なしかゆっくりと走っていく。

カーナビの画面に件の大きなカーブが入ってきたかと思うと、まもなくライトの先に威圧感のある巨木の姿が浮かび上がってきた。

ハザードランプを点灯させ路上に車を停車する。

木に近付いてみると、思った以上に大きい。そのシルエットの中にE太さんの体がすっぽりと収まってしまうほどだ。上を見上げると、やはり頭よりも随分高い位置に紙垂が巻かれている。巻かれたときには純白だったであろうそれは、心なしか赤茶けて薄汚れているように見える。車を降りてから、木が立っているのがそれなりに傾斜のある斜面だということに気がついた。そんな場所に強く根を張っていることも含め、このようにして祀られているのも然《さ》もありなん、という雰囲気がある。

そうしてしばらく木の正面に立っていたが、もしかしたら社でもあるかもしれないと、裏側に回ってみた。残念ながらそうしたものは見当たらず、ただ木々が暗闇の中に沈んでいる。いつまでも路上駐車もまずいと思い、車へ引き返そうと振り返った。

一瞬、息が止まった。

車のライトが当たっている側の、ちょうど裏だ。

木の幹に額を当てるように俯いた状態で男が立っている。

白いポロシャツにベージュのズボン。車のライトから逆光の位置になるせいか、顔はよく見えない。

「あ、あの」

しばらくの沈黙ののち、E太さんが躊躇いながら男に声をかけたところに、プア、という短いクラクションが重なった。

反射的に音のしたほうを見ると、ちょうどE太さんの車の後ろ、停車した白いミニバンから二人分の人影が降りてくるところだ。

人影はガードレールを乗り越えると、がさがさと草をかき分ける音をさせながらこちらに近付いてくる。

何か会話しているようだが、声が低くくぐもっていてうまく聞き取れない。

E太さんがうろたえているうちに、人影はすぐ目の前まで迫ってきた。

「人形焼きってあるでしょ。その人影の顔ね、人形焼きにそっくりだったんですよ。色黒で彫りが深くて、仁王像のような感じ。それで……」

それで……、とE太さんはもう一度呟いてから、視線を遠くにやり、

「……地元の街を走ってたんですよね。気付いたら。毎日走っている道って、結構無意識の感じで運転してしまうじゃないですか。そういう感じで、気がついたんです」

自分で自分の言葉に困惑しているような様子のまま続ける。

「一連の出来事全部、本当、何だったんだろうって感じで。紙垂のついた大木のことも、そこに立ってた男も。人形焼きの顔の人たちも。ただ、一番嫌なことは、結局、記憶が空白になっちゃってる部分のことなんです」

もしかしたら、あの人形焼きの人たちに本当は恐ろしい目に遭わされたから、その記憶に蓋をしちゃってるのかなって。

両手で顔を覆って深く溜め息をつきながら、E太さんはそんな言葉で話を締めくくった。

ペットゲート

T浩さんが郵便配達のアルバイトをしていたときの話だそうだ。

扱う郵便物の多くは、ただポストに入れて終わり、というようなものなのだが、中には印鑑や代金が必要なものや、大きさからポストに収まらないものがある。その場合には、受取人との直接のやり取りが必要になる。その日配達した小包もそういった類のものだった。

配達先は築年数のだいぶ経っていそうなアパートで、ドアを見れば、マイク付きのインターホンもない。スイッチを押すと音が鳴るだけの呼び鈴が取り付けられている。

呼び鈴のスイッチを押してから「郵便でーす」と声をかけると、ドタドタという足音に続いて、カチャカチャと何か機械を操作するような音がして、数秒ののちにドアが開いた。

「はーい」という声と共に見た感じ四十代くらいの女性が顔を出す。女性の背後を見て、先ほどの音の理由が分かった。ペットゲートだ。室内飼いの動物の脱走防止で玄関に取り付けるもので、簡単な門のような形をしている。白い樹脂製で、突っ張り棒で床から天井まで固定され、高さ百六十センチほどの縦方向の格子が回転式のかんぬきによって閉じられていた。

それ自体珍しいものでもないが、そもそもがペット禁止の物件が多いアパートで目にすることはあまりない。ただ、そうやって気になったのも一瞬だけだ。ペット可を売りにするアパートだってあるし、たまたまここがそうだということだろう。

「こちらにサインだけ、よろしいですか」と言ったところで、ペットゲートが一度、カシャン、と音を立てた。

無意識にそちらに目が行くが、ペットの姿は見えない。単に女性の足が当たったか何かしたのだろうと考えるうちに、サインされた受取票が返ってきた。

「ではこちら、お荷物です」と小包を手渡すと、またペットゲートが音を立てた。

カラララ、と先ほどとは違った調子の音だ。それに合わせてゲート全体が軽く玄関側にたわむ。格子に沿って小動物が体を擦り付けているようなイメージが浮かんだ。そちらに目をやるが、ペットらしきものは見当たらない。気配すらない。ゲートの奥には何の変哲もない廊下とキッチンスペースが見えるだけだ。

一瞬考え込んでしまったが、あまり部屋の中をじろじろ見るのは失礼だと思い、最後に女性に挨拶だけしようと顔をあげた。

女性も、ペットゲートの自分の足元あたりの位置を見ていた。

それからこちらに向き直ると、あはははは、とどこか空々しく笑う。

T浩さんはその顔を見てこれ以上踏み込むことでもないと感じ、「では、ありがとうございました」とだけ告げて、数歩下がった。

ドアが閉まる刹那、スン、スン、と動物が鼻を鳴らす音がやけにはっきりと聞こえた。

T浩さんには、そのときの出来事が何なのか未だに分からない。

ただ印象として、その場にいたものは特に悪いものではないのではないか、とそのように感じたという。

コダマ

ナルミさんが夜中に家で怪談ＤＶＤを見ていたときのことだそうだ。

ＤＶＤはいわゆる怪談師が怪談を何話か語るというものだ。心霊映像などと違って大したことないだろうと思っていたが、これがなかなか怖い内容だったという。

見始めのうちは飼っている猫のコダマが膝の上で一緒に見ていたのだが、一人の人間が何かを語っているだけの映像は退屈だったのか、何話か進むうちに隣の寝室のほうへ歩いていってしまった。

ＤＶＤは構成が練られていて、後半の三話ほどは特に怖い話と感じた。何となく腕に鳥肌が立っている気がしたが、確認したらもっと怖くなりそうなのでそうしなかった。

見終わって、プレイヤーからＤＶＤを取り出そうと椅子を立ち上がり、テレビのほ

う へ向かう。

そこで後ろから何かの気配と視線を感じた。

コダマだ。

きっとそうだ。そうに違いない。

頭ではそう思うのだが、思えば思うほど、違う想像が浮かんできてしまう。

こんなことなら先に部屋の電気を点ければよかった。

そうはいってもこのままではらちが明かない。

ゆっくりと後ろを振り向く。

コダマが行き来できるようにとドアは開け放されている。

そこから、こちらを覗き込むようにして、肌の真っ白な男の子が顔を覗かせている。

白い顔の上で、黒い瞳が浮かび上がるように目立っていた。

はあああっ、というような、声にならない声をあげてナルミさんが後ろに尻餅をつく。

それを見た男の子は頭を後ろにぐっと引っ込めるような奇妙な仕種をして、それからその場で小さく一回転するように歩き、隣の寝室のほうへ去っていった。

それを見たナルミさんは、自分も寝室に戻って寝ることにした。

男の子が幽霊でもなんでもないと分かったからだ。

頭を後ろに引っ込めてからその場で小さく一回転するのは、コダマが驚いたときにする仕種なのだという。

「なんだ、コダマか、って思って。どういうことよって思うかもしれないけど、感覚的に分かったんですよね。説明し辛いですが。なんで男の子の格好で現れたのか分からないけど、いたずらのつもりだったんですかね」

寝室に入ると、コダマはベッドの上で体を丸めこちらにじっと視線を向けている。

ナルミさんが隣に体を横たえると、安心したように目を閉じた。

コダマは今でもナルミさんの家で一緒に暮らしている。路上に捨てられていたところを保護団体に保護され、それをナルミさんが引き取ってから、今年で四年になるそうだ。

みかん

二十年ほど前のある春の日のことだ。

N沢さんが昼寝から起きてみると、チリン、チリン、と鈴の音が聞こえてくる。

頭の後ろ側からだったので、寝返りを打つような形でそちらを振り向いた。

飼い猫のみかんが何かを前足でつついて遊んでいる。出しっぱなしにしてある猫のおもちゃかと思ったが、見覚えのないものだ。

赤と水色の幾何学的な柄の入った球状のもので、見た感じ表面は毛糸が巻かれている。

その中に鈴が仕込まれていて、それが音を出しているらしい。

見た目にはいわゆる「手鞠」に思えるのだが、どこか違和感がある。

寝惚けた頭で数秒考えて、その理由が分かった。

球状なので、みかんが前足でつつくたびに転がるような動きを見せるのが正しいはずだ。ところが、動いても表面の柄が変わっていない。何か重りでも入っているような感じだ。みかんもそれが不思議なのか、「手鞠」をつついては、しきりに首をかしげるようなしぐさをしている。

N沢さんはみかんの前足の間に手を伸ばして、それを手に取ってみた。

瞬間、手のひらが熱を帯びるような感覚があり、驚いてすぐに手を放した。

「手鞠」はバウンドすることもなく、転がることもなく、ストン、という感じで床の上に落ちた。

その表面に先ほどまでなかった黒い汚れがある。

えっ、と思って自分の手のひらを見ると、二筋のぱっくりと割れた傷口が手相と交差するように縦に走っていて、手首のほうに滴るほどの血が流れ出ている。傷を認識すると、じわじわと遅れて痛みがやってきた。

触って切れるようなところは見当たらず、針や何か、手を傷つけるようなものが出ている様子もなかったはずだ。どういうことなのだろう。一瞬混乱したが、すぐに窓際で干していた洗濯物のタオルを手に巻きつけた。その間にも背後で鈴の音がしていた。みかんが「手鞠」を触っているのだ。手の傷をもっとちゃんと処置したいが、その前にあれをみかんから取りあげる必要がある。ケガをしたら大変だ。

みかんのいたほうを振り向くと、その姿が見えなくなっている。鈴の音もしない。ただ、最後に音のしていた方向からして、廊下を挟んだ隣の和室に行ってしまったのだろう。

N沢さんが小走りでそちらに向かうと、みかんは和室の畳の上にちょこんと座って、前足で顔を洗うしぐさをしていた。

先ほどの「手鞠」はどこにも見当たらない。

「みかん？　あれどうしたの？」と問いかけてみるのだが、みかんはこちらをじっと見て不思議そうな顔をするばかりだ。

しばらく和室を歩き回り、箪笥の陰なども確認した。結局「手鞠」は見当たらなかった。

昼寝をしていた居間に戻ってみると、床の上に数滴の自分の血痕が残っているだけで、それ以上のおかしなところはない。

手のひらの傷からの出血は止まっていたが、巻き付けたタオルが赤黒く染まっている。

一連の出来事が何だったのか分からずソファに座り込むと、膝の上にみかんが飛び乗ってきた。

ンー、ンー、とか細い心配そうな声をあげて、手の傷を舐めてくる。

それから九年してみかんは天寿を全《まっと》うしたが、あの「手鞠」が家の中でもう一度見つかることはなかった。


「たぶんみかんはあれを良くないものだと分かっていて、隠したんじゃないかと思うんですよね。それで、もうその隠し場所は誰にも分からない。そんな気がします」

N沢さんはまだその家に住んでいて、今では別の猫を飼っている。

みかんの写真は本棚に飾ってあって、それを見るとあの日の不思議な出来事を思い出すのだと言って、話をしてくれた。

蜃気楼

T代さんが通勤に使っている駅の駅ビルの二階に、テナントとしてドラッグストアが入っている。普段から毎日その前を通るので、ついでの買い物などでT代さんはたまにそこを利用した。

ビルを貫いているエスカレーターを使って駅の改札階からひとつフロアを下ると、通路を挟んだ向こうにドラッグストアが見えてくる。

十一月半ばのある日のことだ。

残業の仕事終わりで近くのスーパーなども閉じている時間だったので、少し日用品を買い足すために件のドラッグストアに立ち寄ろうと思った。

エスカレーターで下っていくと、見慣れた黄色の看板がまっすぐに目に入ってくる。

店の正面、ビルの通路側に、カゴ型の什器《じゅうき》を使って売り出し商品が並べられている。閉店まで三十分もないせいか人はまばらだ。

なので、こちらに背を向けて店の前で立っている女性の姿がすぐに目に入った。

茶色のコートに革の黒いカバンを持っていて、自分と同じく仕事帰りという風に見える。ウェーブのかかった肩までの茶髪が印象的だった。

T代さんはエスカレーターを降りたところで、その女性の背後四メートルあたりの位置で立ち尽くしてしまった。

何かが引っ掛かる。妙なのだ。

しかし、何が？

女性は店の前に並んだ商品を見ているのか、ただじっと立ち尽くしている。

その背中を見つめながら違和感の原因を考えた。

たぶん実際は一分間くらいだと思うんだけど、とT代さんは言う。

そうして見つめていて、あっ、と思った。

その女性の輪郭が、足元のところで蜃気楼のように微かにゆらゆらと揺れた、ように見えた。

直後、何が起きたのかと考える間もなく、砂で書いた絵を強風がさらうように、女性の姿がさあっと消えた。

「ええ……」と無意識に声が出たそうだ。

まず困惑があって、それから何かを見落としてしまったような感覚があった。たとえばテレビのお笑い番組でコントのオチを見逃して、巻き戻そうとしたところでそれが録画ではなく放送だと気付いたような。

何となくドラッグストアに寄る気が失せ、エスカレーターに戻り一階まで降りて、自転車を置いている駐輪場に向かった。

駅前のターミナルの地下にある駐輪場まで来たとき、初めて怖さが足元から這い上がってきた。

消えた女性の後ろ姿が妙に寒々しい印象の映像となって、頭の中で蘇ってくる。

「今、私、初めて幽霊見ちゃったかもしれない」

そんな風に思ったという、T代さんの体験談である。

奥の院

E司さんが梅雨の晴れ間のある日に北関東のとある山を登っていると、途中で妙な分岐に行き当たった。

木製の案内標識が木に括り付けられているのだが、経年劣化で文字はかすれてしまっている。地図アプリで見てみるが、分岐など表示されていない。

ただ、その道沿いに沢が流れていたので、小滝でもあるのだろうと思った。

どの程度の距離があるのか分からないが、もし距離がありそうなら引き返せばいい。

そう考えて、そちらの道に入った。

歩き始めて間もなく道が先細りしていき、すぐ向かいに岩壁が見えた。その表面を幾筋かの水流が伝っている。

やはり予想通りだな、と思いながら、沢沿いの岩場を滝のすぐそばまで伝っていく。周囲は滝の左右も岩で、三方が岩壁の袋小路のような地形になっている。その左のほうの岩壁に手をつきながら進む。

そうして滝のすぐ目の前まで来たところで、あっ、と思った。

左手の岩壁に高さ二メートルほどの裂け目が空いている。奥は小さな洞窟になっているようだ。その裂け目のすぐ横に、先ほどの分岐の入り口と同じような小さな標識が立てられている。

今度は表面の文字がはっきりと読み取れた。

「奥の院」

E司さんはなるほどと思った。

分岐の入り口の標識は、滝ではなくてこの奥の院への案内だったのだろう。実のところ、こうしたものは山ではそこまで珍しくない。麓の寺社が山中の滝や洞窟に御神体を祀って奥の院とする。たぶんここもその類の場所なのだ。

折角だから山の神様に挨拶でもしていこうと思った。

岩の裂け目は狭く、背負ったザックを一旦降ろさなければ通れない。

体を横にして滑り込ませるように裂け目に入った。

中は真っ暗なのでスマホのライトを点ける。


洞窟内は思ったよりも横に長い空間になっており、向かいの壁に窪みが並ぶ。

そこに小さな祠や石仏のようなものが収められている。

向かって最も右側の窪みは少し大きく、奥まった位置にある。

洞窟の入り口の辺りからは窪みの中の様子が窺えないので、足元をライトで照らしながらそちらに歩いていく。

窪みの目の前まで来て、奥のほうへライトの光を当てた。

瞬間、呼吸が止まった。

人だ。

胡坐をかくような姿勢で、ボロボロに劣化した袈裟らしきものを身に着けている。

がくりと項垂《うなだ》れた頭は黒ずんで、古木を思わせる。

その中心でへこんだ眼窩の内側に闇が溜まっていた。

E司さんは笑う膝を勢いだけで動かして洞窟から転がり出て、岩場に尻餅をついた。

滝からの水で尻が濡れたが気にならなかった。

数十秒間呼吸を整えると、見たものが頭の中で処理できてくる。

ミイラ。

即身仏というやつか。

初めて見たので驚いてしまった。

こんな山中の、しかも忘れられたような場所に、安置されているものなのか。

不意打ちで視界に飛び込んできたせいか、顔が脳裏に焼き付いてしまっている。

こうして落ち着いてみても身体が内側から冷えるような恐怖があるばかりで、もう手を合わせようというような気持ちにもならなかった。

分岐を戻ると通常の登山道を進み、山頂で昼食を食べてから下山した。

最後まで人とはすれ違わなかった。


その日からしばらく経ったが、やはりあれのことが気になる。

冷静になって考えるとやはり妙だ。

ネットで検索してもそれらしい情報は出てこない。それどころか、即身仏というのは今では数えるほどしか現存しておらず、あんな場所にひっそりと安置されているものでもないと知った。

調べているうちに、地元の山岳会のホームページに行き当たった。

迷ったが、メールで質問をしてみることにした。

見たものが自分の気のせいだという可能性も捨てきれなかったので、「××山の山中の奥の院の様子が知りたいのですが……」というような文面にした。

返ってきた返答は、小さな洞窟の中に祠が設置されているだけの簡素なものです、というもので、即身仏への言及はなかった。

では、あのとき自分が見たものは何だったのだろう。

疑問は残るが、かといってもう一度訪れようという気にもならない、とE司さんは話してくれた。

それとも、地獄見るか？

Y江さんの父親の兄、つまり伯父にあたるN夫さんは、奇妙な人だった。

実家の裏にある大きな離れの二階に住んでいて、Y江さんには年末年始に顔を合わせた程度の記憶しかない。この離れは一階が土間になった古い和風建築で、餅つき用の臼と杵など、普段は全く使わないものが収納されている。

これは十年ほど前、そのN夫さんの葬儀で親戚一同が集まったときの出来事である。


Y江さんが皆の食事の片付けを終えひと息ついていると、

「あら、もしかしてY江ちゃん!?　久しぶりじゃない！」

と声をかけてくる女性がいる。

見た目は五十代くらいで、派手な装飾品を身に着けている。

この人はK美さんという。

実のところY江さんは、彼女についてよく知らない。親戚というわけでもないのである。ただ昔、K美さんのご両親にお世話になったのだと、それだけ両親から聞いている。


……にしてもY江ちゃんも大変よね。急に、こんな、ねえ。……そうだ、知ってる？　N夫さんが住んでたっていうあの……あんなの集めてさ。気持ち悪いよねえ。……売っちゃえば？　古いものみたいだし、少しは……。

疲れているところにまくし立てられて、話の内容が頭に入ってこない。

そもそもこのK美さんは口が達者すぎるところがあって、苦手だった。

自分の結婚式のときも下品な冗談を言ってきて、横にいた夫が凍りついていた。

気付くと、四歳の息子のH海くんが横にやってきている。

K美さんに紹介してから、どうしたの？　トイレ？　と聞くと、H海くんは首を横にふり、じいっとK美さんのほうを見た。

「×××××」

その声がH海くんから発せられたと理解するのに、時間がかかった。子どもと思えない低い声質で、言葉も日本語どころか英語でもないような妙なものだったからである。

K美さんはぽかんとしていたかと思うと、頬を徐々に紅潮させた。

「……何、この子、」

K美さんの絞り出したような言葉に、ざらついた声で被せるようにH海くんが続けた。

「それとも、地獄見るか？」

K美さんは顔を震わせて、か、か、と何か言いたそうに口を動かした。

が、その口の端から泡を吹き始めたので、唖然としていたY江さんが、大丈夫ですか、と声をかけると、身体をぴんと強張らせてその場に倒れてしまった。

入院したK美さんの命に別状はなかったが、顔に原因不明の麻痺が残った。K美さんは今でもうまく言葉を話すことができない。

「H海は今年で十六になるんですけど、だんだん声質があのときの声に似てきた気がするんですよね」

Y江さんは、そう話を結んだ。

心霊写真

もう二十年も前、ケイタさんが十代前半の頃のことだそうだ。

ケイタさんの叔父さんが心臓病で亡くなった。

それから半年ほど経ち、家族で祖父母の家を訪れたとき、「叔父さんの部屋にあるもので何か欲しいものがあったら、持っていってもいいよ」と祖父に言われた。叔父さんは結婚もしておらず、ずっと祖父母の家で一緒に暮らしていた。その私物を必要なら譲る、と言っているのだ。

二階に上がって叔父さんの部屋の扉を開ける。

それまで祖父母の家に来ても二階に上がることはほとんどなく、こうして叔父さんの部屋に入るのは初めてだった。

ドアから向かいには、ベランダに通じる大きな窓がある。閉じられていたカーテンを半分ほど開くと、初秋の暖かな陽射しが部屋に射し込んでくる。放置された部屋の埃っぽさなどはなく、祖父母が今でもたまに掃除しているのだろうと思われた。壁に沿うかたちで、テレビやベッド、箪笥、コートハンガーが並んでいるが、全体としてはものが少なく、がらんとした印象を与える部屋だった。

窓を正面に見たときに部屋の左側にあたる壁が大きな押し入れになっている。木の引き戸を開けると、まず目に入ったのが背の高い本棚だ。本棚の下半分には大判の写真集が並んでおり、棚の上に行くにつれ、写真技法の本、小説、愛蔵版の分厚いマンガ本、といったものが収められている。その上、最上段に並ぶ本の背表紙には「心霊」とか「ＵＦＯ」といった言葉が並んでいて、これにも興味を惹かれたが、その場で手に取って開くのは躊躇われた。この部屋で叔父さんが亡くなったことを何となく意識してしまったのだ。

本棚から視線を外すと、上下二段の下段の側には半透明の収納ボックスが積み上げられている。中にはＣＤが大量に収められていて、ケイタさんでも見たことのあるジャケットが何枚かぼんやりと透けている。見た感じ、古いロックが中心のようだ。上段には、革の取っ手のついた金属製の重厚な箱が置かれている。カメラボックスだ。こうして目にするまで忘れていたが、叔父さんの趣味のひとつは写真だった。一度この家の庭で家族写真を撮ってもらった記憶がある。

どんなカメラが収められているのか見てみたいと思ったが、何となく、これに関してだけは祖父母に許可を取ってからのほうがいい気がして、そのままにした。

押し入れの中の全体を改めて眺めてみたとき、本棚の最下段に目が留まった。様々な写真集が並んでいる端に、白い背表紙の何もタイトルの入っていない本がある。

棚から抜き出してみると表紙にも何も書かれていない。疑問に思いながら厚手の頑丈そうな表紙を開くと、それが何なのかすぐに分かった。

どこかの森や、建築物、橋と川を収めたものなど、様々な風景写真が並べられている。写真アルバムだ。

写真はどれも、被写体は普通に街角にありそうなありふれたものなのだが、それだけに撮影者の技術を感じさせる。

ふだん写真などに興味のないケイタさんでも惹きつけられるものがあり、しばらくアルバムを眺めた。

アルバム後半のほうのページをめくろうとしたとき、隙間から小さな冊子が落ちた。見ると、それも小さなアルバムのようだった。写真屋さんで写真を現像すると一緒にもらえるような、安っぽいものだ。やはり表紙には何も書かれていない。

なぜかその中身が妙に気になり、それまで見ていたアルバムを一旦床に置いて、その小さなアルバムを開いてみる。

表紙を開くと、一ページに上下二枚の写真が並んでいる。

上の写真は全体がぶれてしまっており、被写体がはっきりしない。

下のほうの写真は、右上に撮影者の指と思しき肌色のもやが写り込んでいる。

「失敗作」の写真のアルバムなのだろうか。そんなことを思いながら、ページをめくる。

人物写真が並んでいるのだが粗い。写真の外枠部分に細かな文字が入っているのを見て、気付いた。これは雑誌の切り抜きだ。いわゆる「スクラップブック」のようなものだ。

それまでの叔父さんの写真の傾向からすると、人物写真が並んでいるのが意外に感じられたが、それ以上に奇妙なことがあった。

どの写真にも、ペンで書き込んだと思しい赤い丸印がついている。

丸で囲われた部分には特別何かがあるわけではない。背景の雑踏とか、ショーウインドウとか、そういったものだ。

疑問に思いながらページをめくると、ファッション雑誌のピンナップらしきものがアルバムに貼られている。

その写真につけられた赤い丸印を見て、一瞬、目を疑った。

被写体のモデルの左腕のところだ。七分袖の服を着ているのだが、その袖から出ているはずの腕がない。腕が透明に透けているかのように、背景の海がそのまま写っている。

隣のページの写真は、どこかの観光地らしい滝の写真だった。例の如く赤で囲まれた箇所を見ると、岩壁に薄ぼんやりと人の顔らしきものが浮かび上がっているのが見てとれる。

これは「心霊写真」だ。

そう意識してしまった瞬間、ぞくっと背中が後ろから引っ張り上げられるように震えた。

下の階では家族が祖父母と話に花を咲かせているはずだが、その声が随分遠くに聞こえる。いまこの二階にいるのは自分だけだということが、突然とても心細く感じられた。

アルバムを元の場所に戻して、部屋から出ようと思った。

押し入れを閉めようとしたとき、先ほどの「心霊写真のアルバム」が足元に落ちているのに気付いた。大きなアルバムに挟み込んだと思ったが、抜け落ちたのだろうか。もう触りたくなかったが、放置しておくこともできない。適当に本棚に挿しておこうと裏表紙をつまむようにして持ち上げる。最後のページにある写真が目に入った。

この家の庭で撮られ、両親と祖父母、ケイタさんが写った、家族写真だった。

それを目にしたとき、怖いというよりも、そんなアルバムの中に叔父さんの手でその家族写真が収められたということが、とても悲しくなったそうだ。

その写真にもやはり赤丸が入っていたが、そこで囲われていたものは思い出したくないし、話したくもないのだという。

もう祖父母はいないが家は残っていて、もしかしたらそこにまだアルバムもあるかもしれないと、ケイタさんは最後に教えてくれた。

肉袋

一冊目の単著『実話怪談　花筺《はながたみ》』の中で、「巨人」という話を書いた。

複数の登山者から別々に伺った「山で巨人を見た」という話を通して、山岳怪談における いわゆる「類話」の面白さを私なりに提示しようと試みたものだ。

本を読んで頂いた方からこの話の感想を頂戴することが多く、筆者としても、この話には人の心に引っ掛かる何かがあるのではないか、と改めて感じている。

そんな山の類話怪談について、本書でもまた別の話を紹介してみよう。

純粋に不可解で、似た話などとてもないだろうと思わせるのに、しかし類話が集まってしまう、そんな奇妙な話である。

＊＊＊

沢の流れの中で

山の中を流れる川のことを沢と呼ぶが、O木さんはそんな沢沿いの細い道を歩いていて、奇妙なものに出くわした。

梅雨の季節の最中、久々の晴れの日だったそうだ。

前日まで雨続きだったせいか、沢は豊富な水量を絶えず下流へと送り出している。浸かれば膝下まではありそうだ。すぐ脇の地面はところどころ岩が露出していて滑りやすく、安全なルート取りを意識して慎重に歩いていく。ところが、しばらく歩いたところで道が沈んでいる。対岸へと渡らないことには先に進めなさそうだ。幸いにも、少し戻ったところで流れの緩まった箇所があったので、そこから渡渉《としょう》することにする。靴と靴下を脱ぎ、ザックの脇に括り付けた。ズボンの裾をまくり上げると、水流の中へ足を踏み出す。

水は想像していたよりもずっと冷たく、足先から火照った体全体が冷却されるようだ。

それがあまりにも気持ち良くてしばし立ち止まってしまう。

辺りを見渡すと、転がってきた落石なのか、水流で地面から掘り出されたものなのか、いくつかの大きな岩が目に入った。スーパーなどでよく見る「みかん箱」くらいのサイズのものだ。その陰から、何か岩と違う別のものがちらちらと姿を覗かせている。上流から流れてきたものが水流で岩に引っ掛かっているような形だ。辺りの岩が灰色一色の中、それだけが白く輝いていてよく目立つ。

足を滑らせないよう気をつけながら近付いてみる。

第一印象は、洋画で見るようなクリスマスの七面鳥、だったそうだ。毛を全てむしられた動物を思わせる肉塊で、白い半透明の皮膜の奥にピンク色の肉があるのが分かる。

周囲の岩と比べると、見た目にも軟らかな質感が伝わってくる。

動物の死体が水流で揉まれるうち、こんな姿になったのだろうか。

ただ、それにしては、頭も手足らしきものもない。楕円の形のそこかしこから不揃いな突起が出ている。それだけだ。

岩の中で揉まれていたにしては、傷もない。張りのありそうな瑞々しい色合いも不自然だ。

一体何なのかと顔を近付けると、細かい部分が目に入る。

表皮の下の肉はひとかたまりでなく、筋肉のように複雑な形に分かれていて、その間を血管らしきものが走っている。

見れば見るほど何らかの「生物」に思えるが、かといってこんな「生物」は見たことがない。

首を捻りながらそれを眺めていて、気がついた。

先ほどから水流に揉まれて細かに動いているのかと思っていたが、違う。

動きのリズムに違和感がある。規則的で、ゆったりしたリズム。

それが鼓動か呼吸に合わせて身動ぎしている。

そんな風に思えた。

瞬間、ぞわりと足元から鳥肌が立って、急いで沢から上がった。

ここは何かが変だという思いに駆られて地図を見ると、登山道はしばらく前で沢沿いから離れており、自分が道を間違えて進んでいたことが分かった。

戻って正しい登山道を見つけ、事なきを得たそうである。

倒木の供物

初冬、E谷さんが奥さんと地元の低山の幾つかをつなぐ縦走路を歩いていたときのことだ。

山頂と別の山頂の間の弓なりにへこんだ部分、これを馬の鞍に見立てて鞍部《あんぶ》と呼ぶが、その落ち窪んだ真ん中あたりで、思わず足を止めた。

先程までには感じなかった奇妙なにおいが周囲に漂っているのだ。

山中で熊や猪に遭遇した経験のある人は、必ずと言っていいほど、いわゆる「獣のにおい」は本当にある、と言う。

それらが姿を現す前には、強いて言えば「牧場のにおい」に近いベクトルの、強いにおいがするのだそうだ。

実際に筆者も山中でそんな妙なにおいを感じて、直後にそばの藪の中でガサガサという物音が遠ざかっていった、という経験がある。

E谷夫妻も山中でそんなにおいを突然感じたわけである。

これは、と思って、周囲を警戒する。

ザックに提げていた熊避《よ》けの鈴をこれみよがしに鳴らしてみる。

しばらく待つが、においが遠ざかる気配はない。

そんな状況が数分続くと、思考が働くようになってくる。

もう十一月も半ばに差し掛かる。熊なら冬眠しているのではないか。

となると猪だろうか。それにしては随分静かだ。イメージではあるが、猪なら呼吸音などが聞こえてくるものではないだろうか。

考えてもにおいの正体は分からないが、このまま膠着《こうちゃく》状態ではらちが明かない。

「……今日はもう戻ろうか」

E谷さんのほうから奥さんへそう声をかけると、奥さんもうなずく。

そうやって周囲を警戒したままじりじりとその場を後ずさっていたときだ。

道の脇の樹林の中に一本だけ倒木があるのが見えた。

高さ二十センチくらいの根元で折れており、幹がそばに横たわっている。

奇妙なのは、ちょうど折れた箇所のあたりが白く光っているように見えることだ。

落ち葉と木々の茶色の中で、その色彩だけが浮いている。

「ちょっと待ってて」

どうにも気になり、奥さんにそれだけ言って、倒木へ近付く。

そこで見たものをE谷さんは、正月の餅つきで臼に餅が入ってるような、と表現する。

倒木の幹は空洞になっていたようで、その虚を白い塊が埋めている。

温かいのか、はっきりと湯気が立っている。

白い薄い膜の向こうにぶよぶよした肉の存在を感じる。たとえば大きなウサギの毛皮を剥いだら、こんな感じだろうか。

見た感じには動物の死体のようなのだが、こちらに背中を向けて丸まっている状態なのか、手足や頭らしきものはない。

しばらく観察していると、切り株が、みしり、と音を立てた。

えっ、と思った途端、強烈なにおいが鼻の奥に突き刺さってくる。

慣れで麻痺していた嗅覚が、突然戻ってきたような感じだ。

たまらず奥さんのもとに戻ると、そのまま下山した。

道すがら、見たもののことを話すと「それは山の神様への供物かもねえ」と奥さんが言う。

山あいの地域では、白餅を山の神に供える風習が多く見られる。

ただ、それだとしても、場所もおかしい気がするし、おかしなにおいの説明もつかない。

そもそも山中では誰ともすれ違わなかったのに、あの白い肉のようなものからは、今しがたそこに置いたかのように湯気が立っていた。

E谷さんは今でもそれを思い出すたび、釈然としない気持ちになるそうだ。

藪の奥

登山者たちの間で「藪《やぶ》」という言葉の意味するところは、一般のそれとは少し異なる。

そもそも登山道というものは、幾度も幾度も歩かれることで土が踏み固められ、植物が根付きにくくなることで定着していく。

だから、山歩きに慣れてくると、登山道を外れれば足裏の感触でそのことが分かるようになる。道でないところは地面がふかふかと柔らかいのだ。

であれば必然、山における「藪」というのは、「道でないところ」のことを指している。

植生が活性化する夏の低山や、登山道の崩落で迂回の必要に迫られたときなど、藪を進む「藪漕《やぶこ》ぎ」を強いられる状況もある。

ただ、それを活動の主目的と捉えるような登山というのは、当然まれだ。

A川さんはそんな登山にこそ喜びを見出す珍しい登山者のうちの一人だ。

その日もいつものように、地形図を頼りに登山道に頼らず頂を目指していたそうだ。

木々が春の日差しを遮る薄暗い樹林の中を、足元を確かめながら歩いていく。

周囲ではシャクナゲが花を咲かせて景観にアクセントを加えていた。花こそ可愛らしいが、シャクナゲは厄介な藪を形成する植物だ。細かだが頑丈な枝が縦横無尽に伸び、油断すれば怪我のもとになる。

地図と地形を照らし合わせて尾根から外れないように気を付けつつ、そんな藪を漕いでいく。

そうして進むうちに、鼻が奇妙なにおいを捉えた。夏の生ごみと花の濃い香りを混ぜたような、嫌な甘苦さのあるにおいだ。

気持ちのいいものではなかったので早くその場を離れようと早足になったが、進むとにおいが濃くなってくる。どうも進行方向側ににおいの発生源があるようだ。

避けて通りたかったが、濃い藪のせいで取れる進路の選択肢自体が少ない。そうやって進んだ先でうまく元の進路に合流できるとも限らない。

覚悟を決めて、警戒しながら先へと進んでいくと、唐突に藪が途切れた。周囲はそこかしこに岩が突き出ていて、地面にも固い感触がある。一帯の地面は岩が主で、土の層は薄くなっているようだ。そのせいで植物が根付いていないのだろう。

妙なにおいはいよいよ濃くなるばかりで、ここまでくればその大元を探ってやろうとあたりを見回してみる。

突き出た岩にもたれかかるようにしてそれは鎮座していた。

一見巨大な大福のような白いかたまりだ。

ところどころ内側から突っ張った歪な楕円形で、一斗缶をふたつ並べたくらいの大きさがある。

生まれたばかりで毛も生えそろわない仔牛がこちらに背中を向けて丸まっていたら、

こんな風に見えるかもしれない。

観察していて不気味なことに気付いた。白い皮膜で覆われているが、その向こうに臓物らしきものが透けて見えている。

赤黒いものやピンクのもの、管状のものに袋状のもの、骨らしきものも見てとれる。生き物を形作る部品が出鱈目に詰め込まれた、何か「動物の失敗作」のような、そんな印象を与えてくる。

異臭は明らかにそこから生じていて、何かの死体なのかとも思わせるのだが、それにしてはところどころ不意に脈打つような動きがある。

つついてみようと拾い上げた木の枝を近付けたところで、そんな「大福」に変化が生じた。

それを見たA川さんは我に返ったようになって、急いでその場を立ち去った。

「内臓の隙間から押し出されるみたいに、薄皮の表面にピンポン玉みたいなものが浮かび上がってきたんだ。それがね……」

眼球、に見えたのだという。

ナナフシ

もう三十年近くも前の話になるが、まだ小学生だったT洋さんが家族で海に泳ぎに行ったときの話だ。

駐車場から木々の生い茂る斜面を少し下った先の海岸は両端を磯に挟まれており、ちょっとした入り江になっている。

ビーチはそこまで広くないが、いわゆる穴場らしく、他にほとんど人はいなかった。

雲の少ない空から初夏の陽光が容赦なく照りつけている。

熱された砂浜に立っているだけで汗が吹き出してくるので、準備運動もそこそこに海に飛び込んだ。

ひとしきり泳いで海から上がると、海岸から向かって正面、最初に下ってきた斜面のほうに、木々が広い木陰を作っているのに気がついた。

弟と二人、そこに座り込むと意外なほど涼しい。すぐに体から汗が引いていく。

そうして少し休んでから、何か面白いものはないかと周囲を見回していたときだ。

T洋さんたちの胸程度の丈の植物があたりで枝を巡らせているのだが、その中で、細い枝が網目のようにやけに密集して絡み合っている箇所が目に入った。

不思議に思って指でそっと触れてみると、それを嫌がるように枝が「身をよじった」。

虫だ。

枝そっくりの虫が密集しているのだ。一匹一匹は小指程度の大きさしかないが、何匹かが固まって枝の一房のような見た目を形作っている。

その「擬態」の様子をT洋さんは少し不気味に思ったが、弟は面白いと感じたらしく、虫の一匹を丸めた手の中に捕まえた。

「お母さんたちのところに持ってこうぜ」

虫かごを車の中に積んでいたことを思い出したのだ。

そうして手を丸めたまま木陰から海岸のほうへと歩いていく。

と、弟が急に立ち止まって、

「いいっ、てえっ」

と妙な声を上げた。

続いて、噛んでる、噛んでる、と繰り返しながらこちらに手のひらを見せてくる。

取ってくれ、ということだろう。

ところがそこには虫の姿などない。

その代わりというべきなのか分からないが、真ん中で曲がった針金のようなものが二本、手の中心あたりから飛び出している。トカゲが尻尾を落とすように、足だけ置いてどこかに逃げてしまったのだろうか。そう思いながら見ていると、針金が円を描くコンパスのようにくるくると回り、吸い込まれるように手の中に消えた。

一瞬遅れて血の珠がぷくりと浮き上がってきた。

弟がもう片方の手でそれを拭うと、もう血が出てくることはなく、傷跡も見当たらなかった。

弟の手の平の中に虫が入ってしまった。

少なくともT洋さんにはそのように見えた。

「お母さんに、」

T洋さんがそこまで言ったのを遮るように弟が、

「言わないで……」

そう返してくる。

病院で手術、というような事態を想像したのかもしれない。

弟はその日はそれからずっと浮かない顔をしていたが、あとになっても何かの異常が出ることもなく、見たもの自体が何かの勘違いのようにすら思えた。


「それでまあ、そのあとも特に何かあったわけでもなく、というだけの話なんですが……」

T洋さんの何となく歯切れの悪い言葉尻に、無言で先を促す。

「……いや、偶然、たまたまって言ったらそれまでなんですけども」

T洋さんは数年前に実家で弟に会ったとき、あのときの話を改めて振ってみたらしい。

あの入り江みたいになった海に泳ぎに行ったときさ……、と話を始めると、最初はピンときていない様子だった弟から、ああ、はいはい、と反応が返ってきた。

それであのとき、ナナフシがさ、と、話の要点に差し掛かった。

当時はナナフシという虫を知らなかったが、今ではあれはその一種だったのだろうと思える。なので、虫、という言葉でなく、ナナフシ、という言葉が出てきた。

ところがそれを聞いた弟は、一瞬ぽかんとした表情をしてこう言った。

「え、何？　ナナ……何？　ナナフシ？　木とかの名前？」


「ナナフシを知らなかったんですよね、弟は」

T洋さんは腕組みして、可笑《おか》しいような悲しいようなといった表情をつくる。

確かにナナフシという虫を知らない人がいる、ということは、何となく「なくはない」のではないかと思える。一方で、印象論ではあるが、知らない人より知っている人のほうが圧倒的に多いような気もする。

偶然と言えばそうなのかもしれないし、何かの因果関係があるといえばそのようにも考えられる。

暫しの沈黙のあと、T洋さんは、この話をすると何か思い出しちゃって手の平かゆくなってくるんですよね、と左手で右手を掻きながら話を終えた。

脳穴

　フリーの記者をしているイオカさんが、あるファストフード店に立ち寄ったときの話だ。

　店の二階の客席スペースの隅に一人掛け用のカウンター席が並んでいる。イオカさんはそこに陣取ってノートパソコンを開き、仕事の資料整理をしていたそうだ。作業自体は自宅でもできることではあるが、この日は気分転換も兼ねてその店を訪れていた。
　平日昼過ぎというタイミングゆえか席は半分も埋まっていない。店内には微睡《まどろ》んだような弛緩した空気が流れている。そんな空気のせいか仕事に身が入らず、体が勝手に「休憩モード」のような感じになってしまう。

どうしたものかなと思っていると、後方数メートルという辺りからの話し声が耳に入ってきた。

イオカさんいわく「チューニングが合ってしまった感じ」で、それまで気にならなかった会話の内容が頭の中に滑り込んできたのだという。

「……っていうのはやはりね、マインド的にどうなのって話。……やっぱビジネスだからさ」

会話といっても、聞いている限り、片方が一方的に話しているようだ。

一方的にまくし立てるように話す男性の声と、「はい」、「ええ」と相槌を打つ女性の声が聞こえてくる。

話の内容はいわゆる「自己啓発」的なことのようで、「ビジョン」とか「アセット」とか、それらしい横文字の単語が頻繁に登場する。

二人の関係は仕事上の上司と部下といったところだろうか。

話を盗み聞きするうち、イオカさんには、女性の側が不憫に思えてきた。男性の話は、語気こそ強いが、まるで要領を得ない内容なのだ。

ふんわりした内容とでも言えばいいのか、「仕事の心構え」のような話なのだとは理解できるが、具体的なアドバイスにはなっていない。そのわりには、「結論から言うと」、「要するに」といった言い回しが何度も繰り返されている。

話し手は気持ちいいのかもしれないが、聞き手としては苦痛極まりない。

仕事上の立場を利用して相手を自分の演説に付き合わせているのだとしたら、迷惑千万な話である。


そのように思いながらも、イオカさんとしては当然、そこで出しゃばって「話を聞かされる相手は迷惑してますよ」と注意するわけでもない。

そうこうしているうちに男性の口調はヒートアップしていく。

声が上ずり、早口になり、聞き取れない部分も多くなってくる。

イオカさんも興味を失いかけていた頃だ。

バン、とテーブルを手で打つような音のあと、一瞬の静けさがあって、男性が妙な一言を口走った。

それまでよりも一段低いトーンだったが、なぜか耳にするりと滑り込んできた。

「結局、おまえの脳に穴開けられるのはお前だけだからさ」

男性はそう言ったのだ。

はっきりとそう聞こえた。聞き間違いとは思えない。

その言葉には女性も困惑しているのか、それまであった相槌がない。

男性も言葉を継がず、数秒間の沈黙が流れている。

ゴン、と、今度は重く、もう一度テーブルを打つような音がした。

そんなことをしたら盗み聞きがバレてしまう、と考えるよりも先に、イオカさんは後ろを振り返ってしまった。

振り返った先数メートルのところに、スーツの男性の後ろ姿が見えた。二人掛けの小さなテーブルについている。

向かいに同じくスーツ姿の女性も座っているのが分かる。ただ、その女性の様子がおかしい。テーブルに置かれたトレイの上に突っ伏している。紙コップに入ったドリンクは床に落ちてしまっている。

状況が分からず、そちらのほうを凝視してしまう。

突っ伏した女性の顔から赤黒い液体が放射状に広がる。出血しているのだと分かった。血はかなりの量で、瞬く間に女性が突っ伏しているトレーを満たしたかと思うと、テーブル上に染みを広げ始めた。

と、固まったようになっていた男性がふいに立ち上がった。ギギッ、と椅子が床を擦る音が耳に届く。

上半身だけこちらを振り向く。

目が合ってしまった、と思うより先に、男性の口が動いた。

「き」

イオカさんの目を見つめたまま言った。

「きゅ、うきゅうしゃ」

救急車を呼べと言っているのだと分かった。

なぜ自分で呼ばないのかとか、そもそも女性があなったのは男性の言葉のせいなのかとか、いろいろな疑問が頭に浮かんだが、結局それらは「怖い、関わったら駄目だ」という本能的な忌避感に塗り潰された。

イオカさんは仕事道具のノートパソコンを手早く畳むと、鞄にもしまわず手に持ったまま、早足で店の外に出て、最寄り駅に駆け込んだ。

当然だが、結局あの二人がどうなったのかは分からないそうだ。


「そのときのことがあまりにも怖かったってことなのかな。夢に見るんですよね。僕はやっぱりカウンター席に座ってて、後ろの二人の話を聞いてるんです。話の内容はもやがかってるというか、水中にいるような感じで、よく分からない。でも、聞き取ろうとしてるんです。そうすると、何か足元がひんやりしてる感覚があって。えっ？と思って、席の下を覗くんですよ。そしたら、床のところに穴が空いてるんです。自分の足の間の。それだけでも変なんだけど、穴を覗き込むとね、店の中を天井から見てるような感じになっていて。それが、あの二人の真上なんです。二人は上から覗かれてるのに気付いてない感じで、話を続けてる。何だこれ、って思いながらも目が離せずにいると、女性のほうが急に、こっちを見るんです。クッと上を向いてね。ただ、あのとき、僕も女性が突っ伏してたところしか見てなかったから。……顔、見てなかったから」

分かりますか？

イオカさんは言葉を一旦切って続ける。

「こっち向いてるんですけど、顔がないんですよ。ミルクを垂らした紅茶をかき混ぜたみたいな、マーブル模様なんです。でも、こっちを強烈に睨んでるんだって分かる。目が離せずにいると、ゴン、って音がする。後ろからね。それで、ああ、この穴覗いてたらダメだ、って思って、目が覚めるんです」

一息に言ってから数秒の沈黙のあと、イオカさんは目を伏せて「……それだけです」と話を終えた。

ケネディ

ケネディは事故で死んだ。

I政さんはある時期までそう思っていた。

いや、正確には、今でも頭の中のどこかで、そうなのではないかと思っている。知識としては、ケネディは暗殺されたと知っているのだが、それが薄っぺらな「言葉だけの情報」のように思えて、本心のところでは納得できていない。

「ええと、まず、ケネディってあのケネディで合ってますよね」

そう訊くと、

「あのケネディっていうか……アメリカの大統領だった、ジョン・F・ケネディ……ですね、はい」

はっきりと答えてくる。

前提の部分は共有できている。

「イギリスのダイアナ妃と混ざっているとか、勘違いしているってことは」

「ダイアナのことも知ってます。あのときはもう自分も高校生だったんで、よく憶えてます」

勘違いという線もなさそうだ。

ではなぜケネディが事故で死んだと思うのか、改めて訊いてみると、少し逡巡するような間があってから、こう答えた。

「小さい頃、何回も映像で見た気がするんですよね」


こういった話だと、「実際にその映像をどこで見たのか」が曖昧なケースは多い。

ところが、I政さんはそこのところをはっきりと記憶している。

子供の頃に繰り返し見た、アニメを録画したビデオテープだ。

テープには当時放送していた『みなしごハッチ』と『三つ目がとおる』が録画され

ていたが、その下にダビングされていたものが一部残ったようなかたちで数分間記録されていたのが、問題の映像なのだという。

映像の内容は、ほとんどの部分はわれわれのよく知るケネディ暗殺時の映像と似たものだ。

パレードの最中、ケネディやその夫人を乗せたオープンカーが、脇に芝生の広がる開けた道路に差し掛かる。

異なるのはそこからで、突然オープンカーが爆発炎上したかと思うと、アメリカのケネディ大統領がテキサス州での遊説に向かう道中に交通事故で死亡した、というようなナレーションが流れる。撮影時の画角の問題か、映像のスピードが追い付いていないのか、不明瞭ではあるが、爆発の直前に黒い大きなものがケネディの乗った車に正面から衝突しているようにも見える。

前述のアニメ二番組の放送時期が重なるのは一九九〇年頃で、そこから考えると、当時の報道映像というよりは後の検証番組か何かの映像だとするのが自然だ。

ただそれにしては、テロップも何もなく、機械的なナレーションが流れるのみのいやに生々しい映像だったという。

映像自体は同じものが二度繰り返し計三、四分でブッツリと終わる。

I政さんがこの映像を最後に見たのは、記憶では十歳の頃だ。

それから見直すこともなくなったビデオの行方は、いつの間にか分からなくなった。

時が経つにつれ、I政さんも「ケネディは暗殺された」というのが世間一般での真実なのだということを受け入れて、自分の見たもののほうが記憶違いだったのだろうと思うようになっていた。

そうして二十代も半ばになった頃だ。

実家に帰省した折、自分の部屋を整理していて、押し入れの上の収納スペースにビデオテープの詰められた段ボール箱を見つけた。テープのラベルを見ると、様々なアニメのタイトルが書かれている。それらを目にした途端にあのビデオの記憶が甦ってきた。

大抵のテープのラベルにはひとつの作品のタイトルだけが書かれていたが、中に一本、『みなしごハッチ』と『三つ目がとおる』のふたつが記入されたものがある。

自分の中のわだかまりをようやく解消できると思ったが、ビデオテープを再生できる環境がない。その一本だけを自宅に持ち帰り、後日、ビデオテープの内容をＤＶＤに移し変える業者に依頼をした。

何週間かしてＤＶＤが届くと、自宅のパソコンですぐに内容を確認した。

最初に録画されていた懐かしい『みなしごハッチ』を少し早送りしていくと、エンディングテーマの途中で唐突に映像が切り替わった。灰色のざらざらしたノイズが踊る、いわゆる「砂嵐」が表示されている。慌てて早送りを停止する。しかし、一分以上経っても別の映像が始まる様子はない。

変わり映えしない砂嵐をじっと見つめていると、ノイズの向こうにぼんやりと何かが動いているのに気付いた。レースのカーテンの奥を透かして見るような曖昧な映像だが、意識を集中すると映っているものが分かってくる。

こちらに向かって何かを語りかける男性の顔のクローズアップだ。

骨格というか、輪郭からして、何となく日本人でなく欧米人なのではないかと思える。

映像が認識できてくると、音声も同様に浮かび上がるようにして耳に入ってくる。チューニングの外れたラジオのような音の中に、英語と思しい言葉で喋る男性の声が入り混じっている。抑揚のない淡々とした語り口調もあってか、具体的に内容を聞き取るまでに至らない。

と、始まったときと同様に、唐突に映像が切り替わり、『三つ目がとおる』のオープニングが途中から始まった。

その後も少しづつ早送りしながら内容を確認したが、再び別の映像が現れることはなかった。

ビデオ自体が子供の頃に見たものとは別のものだったのか、それともやはり「ケネディの事故の映像」は記憶違いだったのか、本当のところは分からない。一方で、I政さんの直観ではあるが、あの砂嵐の映像が子供の頃の記憶と完全に無関係なものとも思えないという。

問題のビデオも中身が入ったDVDも、今はどこにあるのか分からなくなってしまっているそうだ。

大蛇譚

山登りの途中で偶然にしばらく同じ道を辿ることになったO木さんが「不思議な話といえば、こんなのならあるよ」と言って話してくれた体験談である。

まだ冬本番の二月のこと。

しんと静まり返った山道をO木さんは一人で歩いていた。

道はほぼ平坦で、冬でも葉を落とさない針葉樹の森が視界の限りに続いている。

標高は二千メートルほどに達しており、ほぼ山頂なのだが、眺望が開ける様子はまるでない。普通なら、期待外れだな、と思うところだが、O木さんにとってはむしろこれが好ましい。というか、眺望がないのは事前の調べで分かっており、それを狙ってあえて来ているのだ。

　こうした、眺望のない山では、山頂付近は静けさに包まれたような森が広がっていることが多い。しかもそれは、環境の振れ幅の少ない中で保存されてきた、いわゆる原生林のような森だ。

　登山者に「山を登る目的」を訊けば、ほとんどの人は大きな目的のひとつとして「山頂からの眺め」を挙げるはずだ。こういった眺望のない山に登る登山者は多くない。冬期であればなおさらだ。だからこそ、O木さんのような静かな山行を好むベテラン登山者の中には、この手の山を好む人が一定数いる。


　軽アイゼンと呼ばれる、凍結路を歩くための金属製のスパイクを登山靴に装着して、雪景色の森の中を歩いていく。

　身に沁みるような冷たい空気の中、雲ひとつない空を突くように木々が聳えている。それらの中に時折、目立った巨樹が現れる。樹齢数百年はあろうかという代物だ。

　単純な大きさもさることながら、他の木々と根本的に別種であるかのような異様な姿形が大きな存在感を生んでいる。

太くずんぐりとした根元から枝分かれした幾本もの幹がそれぞれに一本の木であるかのような姿。

樹高を上げるにつれ、空を覆うように大きく枝を広げた姿。

赤黒く波打つ大きな鱗のような樹皮や、倒木のあと残され苔むした朽木の彫刻めいた造形。

さながら、自然が生んだ前衛的な美術館のような光景だ。永く生きた生物があやかしになる、という話はよくあるが、樹木もそうなのかもしれない、とも思わせる。

来て良かったな、とO木さんは思った。


それまで歩いてきたところとほぼ変わらない風景の中に、申し訳程度に山頂標識が立てられた「最高標高点」で昼食を済ませた。

下りの道は、行きと少しコースを変えていくことにした。

他にも巨樹があれば見てみたい、と思ったのが理由だが、踏み込んでみてすぐに、あまり使われていないコースだということが分かった。

目印や踏み跡といった、道を示すものが少なく、地図で方向を確かめながらゆっくり進んでいく。

その中で、何とも奇妙な姿をした巨樹が現れた。

大人が数人がかりで囲んでやっという太さの幹が、根元から数メートルまっすぐ伸びている。その先で幹は枝分かれし、再び真っ直ぐ天へ向かう。ちょうどフォークのような形だ。フォークといっても、分かれた幹の一本一本がまた立派な太さを持っていて、全体には平面でなく立体的な広がりがある。

写真に収めようと思ったO木さんは木に向かってスマートフォンを構えたが、うまく全体が入らない。足元を確かめつつ後ずさりながら、端末を縦に横にと傾けて構図を探っていく。

そうして、全体が画面の中に収まったときだ。

奇妙なことに気付いた。

O木さんから見て手前・奥方向に枝分かれした幹の間から、別の太い幹が力なく垂れ下がるように出ている。幹回りは一メートルほどありそうだ。

ただ、これが見るほどに違和感しかない。木の幹は上方向に向かうものだから、下に垂れ下がっているのがまず妙だ。それに生え際の部分も、角度的にうまく見えないが、幹の間の空間から横方向に唐突に現れているように見える。樹木として奇妙、というよりは、物理的にどうなっているのか理解できない、という感じだ。

ただ、何よりもおかしいのは、その幹の先端部分だ。丸みを帯びたこぶのような形をして、先端に割れ目が入り、その少し上に円形のくぼみがある。それらを口と目に見立てれば、真横から見た、魚か爬虫類の頭。それが樹木に擬態をしているような印象を覚えた。

撮影しようと思うのだが、スマートフォンの画面をタッチしてもうまくフォーカスが合わない。ピントが手前と奥を行き来するように、合ったかと思えばすぐにぼやけていく。

どういうことだろうと思い、スマートフォンを下ろして木を肉眼で見てみた。そこで、目を疑った。

枝分かれした幹の間から垂れ下がっている別の幹など、ないのだ。

えっ、と思わず声が出る。

目をしばたいてから、もう一度スマートフォンを向けてみる。

画面越しに、やはり枝分かれした幹の間から別の幹が垂れ下がっている。

ただ、先ほどと様子が少し違う。

垂れ下がった幹は地面まで落ちて、そのまま地を這うようにスマートフォンの画面の外まで伸びている。

それを見た途端、背中全体が粟立つような感覚とともに我に返った。

こんな、どう考えても異様なものを前にして、自分は何を冷静に観察などしているのだろう。

雪の上を何度か躓きそうになりながら、小走りにその場を立ち去った。


「分かってもらえるかなあ。あのとき見た異様なものも勿論だけど、それを前にして、しばらくそのおかしさに気付けなかったのよ。なんか、変な調和というか、そういうものがあって。その、気付かずに自分の感覚が狂ってた……山に呑み込まれてたような感じが、あとからすごく怖くなって、印象に残ってんの」

今でも登山道を塞ぐ倒木なんかに行き当たると少し怖く感じる、とO木さんは最後に付け加えるように言った。

たぶん呪いの言葉

携帯電話の電話口からくぐもった人の声らしきものが聞こえてくる。

男女二人が話しているように思えるが、一人の人間が声の調子を変えているだけのようにも思えて、はっきりしない。

背後には規則的な電子音のような音も聞き取れる。

話している内容に注意を向けてみるのだが、どうにも分からない。意味のない喃語なのか、外国語なのか、いずれにせよ普段聞き慣れた言葉とはまるで違うもののように感じられる。

そんな声が急に途切れて、聞こえるのは電子音だけになった。

「……あの、もしもし？」

そんな問いかけに対して、数秒置いてからぼそぼそと応答があった。ただ、その声もチューニングの外れたAMラジオの微弱な音声のような感じで、何を言っているか判然としない。

「えっと、すみません。何でしょうか？」

よく聞こえない、ということを言外に表現するために、努めてはっきりとした口調を作って言った。

電話の向こうがまた静かになったかと思うと、呼吸音のような音だけがしばらく聞こえる。その直後に、ノイズ混じりながらも耳元で話すような距離の近い声がこう言った。

「たぶん、呪いの言葉」

切れた電話の画面には、発信者の名前が表示されている。F川N美。確か小学校の同級生だった女子の中にこんな名前の子がいた。といっても、同窓会でも会った記憶はないし、特に仲が良かったわけでもない。いつから携帯の電話帳に入っていたのかも分からない。

ただこのことをきっかけにT希さんは、小学校の頃に教室で流行っていた奇妙な遊びのことを思い出した。

「……うわ、呪いだよ。××の呪い」

配膳された給食を自分の席に運ぶ途中、落としてしまった男子がそんなことを言う。

こうやって「呪いのせい」にすることが、T希さんが当時いた教室の中ではなぜか流行っていた。

××の部分は思い出せないが、無意味な言葉だったのではないかという。

転んで膝を擦りむくのも呪いのせい、体育の授業のサッカーで失点するのも呪いのせい、気に入っていたシャーペンを失くすのも呪いのせい、という具合だった。

それは他愛もない言葉遊びとも言えるし、そうして悪いことを人のせいにするようなことが減るのであれば、良い面もあるように思える。

ただ、当時教室の中にいたときには気がつかなかったけれど、今思えばそんな「呪いのせいにする出来事」が多く起きすぎていたような気もするのだそうだ。

例えば、クラスで育てていたヒヤシンスが原因も分からないままいくつも枯れてしまったこと。

ある朝教室の窓が二枚割られていたこと。

クラスメイトの一人が飼っていた犬がいなくなり、あとから見つかったときには亡くなった状態だったこと。

思い返すと不謹慎でしかないが、それらを「呪いのせい」と処理してしまっていた。

「一斉送信にて失礼致します」というタイトルのメールが届いたのは、件の不可解な電話から二日経った日のことだ。差出人として、電話をかけてきたN美の名前が表示されている。嫌な予感を感じながらも開いたメールは、こんな文言で始まっていた。

「F川N美の家族のものです。突然のご連絡失礼致します。N美はかねてより癌の闘病中でありましたが、昨日夜、享年二十九歳にて永眠致しましたのでご報告申し上げます。」

その他に、簡単な挨拶と、社会的に新種の感染症が広がっている現況を鑑みて葬儀は家族葬で行うこと、一斉送信メールでの連絡の非礼を詫びる言葉などが記されていた。

メールのタイトルを見た時点で何となくこういった内容なのではないかという気はしていたので、驚きはしなかった。

ただ不思議だった。

N美が亡くなったのが昨晩とメールにはあるが、では二日前に電話をよこしたときはどんな状態だったのだろうか。電話できる状態だったのかどうか。それに、電話の内容にも疑問が残る。なぜ特に仲の良かったわけではない自分に電話してきたのか。あの言葉の意味はなんだったのか。

「たぶん、呪いの言葉」

N美はそう言っていた。

その前後、肝心の「呪いの言葉」がどのようなものだったか思い出そうとしても、不明瞭で輪郭のない言葉が頭の中で繰り返されるばかりだ。

結局訃報のメールに返信することもなく、それきりになったが、T希さんの中では何かが蟠《わだかま》ったままで、今でも時折N美からの電話を受ける夢を見るそうだ。

その夢の中で、T希さんはベッドから半身を起こした状態で電話を取る。

ぼんやりとした通話の内容を聞きながら周囲を見渡して、そこが自分の部屋ではないと気付く。

白い壁と天井。

電話を取ったのと逆の左手に違和感があり、そちらに目をやると、点滴の管が延びている。

ここは病院なんだと思う。

そんなときに電話口からあの言葉が聞こえてくる。

「たぶん、呪いの言葉」

その前後にあるはずの、肝心の「呪いの言葉」の内容そのものは、相変わらず聞き取れないのだそうだ。

うろたえないで下さい

十年ほど前、アサミさんが大学の二回生のときの話だ。

午後の講義に出席するために駅にやってくると、構内は普段と比べてかなり混雑している。

何事だろうと思いながら改札までたどり着いて、すぐに理由が分かった。

鉄道の運行状況を示す液晶画面に「人身事故のため運転見合わせ」との表示がある。

困ったことになったと思ったが、画面をよく見ていると、事故になったのは普段アサミさんが使っているのとは別の路線のようだ。発車時刻に多少の影響はあるようだが、アサミさんがこれから乗り込む予定の列車は発車標にもちゃんと表示されている。

ひとまず安心と思いながら、目的のホームに続く階段を目指して混み合ったコンコースを歩いていく。

そうやってある程度進んだところでふいに人混みの中の一点に目が止まった。

全体にくすんだようなベージュのコートにスカート、帽子を身に着けた背の高い女性が歩いているのが見える。それ自体はおかしなことではないが、奇妙だったのは女性の顔だ。

はじめは帽子のつばで影になっているせいで見間違えたのかと思った。

しかし、女性が向かいからこちら側に向かって歩いてくるにつれ、その顔が改めてはっきりと見えた。

目がひとつしかない。

怪我や何かで片目を失っているということではなくて、眉間の真ん中あたりの位置に丸い目がひとつある。その下に無理矢理押し込められたような低い鼻と小さな口が並んでいる。

呆気にとられたまま、じろじろと無遠慮に眺めてしまったと思ったときにはもう遅かった。

はっきりと目が合ったかと思うと、女性はアサミさんのほうに向けてまっすぐ歩いてくる。

身がすくんだようになって動けずにいるうちに女性が目の前までやってきた。

女性はアサミさんより頭ひとつぶん高いところにある目線を合わせるようにかがむと、そのひとつ目でじっとアサミさんの顔を見つめて、一言だけ言った。


「うろたえないで下さい」


アサミさんが我に返ったときには女性の姿はなくなっていて、乗る予定の電車の発着時間が迫っていた。何がなんだか分からなかったが、ひとまずホームへの階段を上がり、すでに到着していた電車に乗り込む。

何か白昼夢でも見ていたような気持ちになりながら、カバンから携帯電話を取り出した。

画面には一件の不在着信と新着メールの通知が表示されている。

どちらも同じ友人からだ。

電話に出なかったからメールで用件を送ったのだろう。

そう思いながら無題のメールを開くと、一行だけの本文が表示された。

「うろたえないで」

ぞくりと背中が粟立った。

メールはすぐに削除した。

大学に着くと、食堂の普段利用している席に向かった。

件の友人といつもそこで待ち合わせているのだ。

案の定、いつものように友人が座っている。

こちらに気付くと「大丈夫だった？　電車、事故ってたみたいじゃん」と話しかけてくるが、それを遮って「さっきのメール、何」と質問を投げ掛ける。

友人は、一瞬、質問の意味が飲み込めないというようにぽかんとしてから、「何って、別に」とだけ答える。

「変なメール送ったよね」と重ねて問うても、話が通じている様子がない。

らちが明かないのでメールの送信履歴を見せてもらった。

そこには確かに少し前の時間でアサミさん向けの送信済みメールがある。

ただ、文面はこうだ。

「いつものところで待ってるから」

結局一連の出来事の意味はまるで分からないまま、あの女の言葉だけが強い印象と共に記憶に刻まれているのだそうだ。

夢ヶ岳

いわゆる山小屋には、大きく分けて二種類がある。

ふつう登山者が「山小屋」と言う場合、それは小屋番が食事や寝床の世話をしてくれる「有人小屋」のことを指している。ではもう一方はというと、「避難小屋」というのがそれだ。スタッフはおらず無人で、建物だけが建っており、寝床や食事は自分で用意するタイプの小屋をこう呼ぶ。字面からして緊急時に利用するシェルターのようなイメージを持たれるかもしれないが、テントなしでも山中で宿泊できるということで普通に利用されているものだ。

数年前、イツキさんもそんな避難小屋を利用して二泊三日の縦走登山をしたが、そこで体験した出来事が忘れられないのだという。

一泊目に利用した避難小屋でのことだ。

夕方五時頃に小屋に着いて、一時間ほど周囲を散策してから夕食の準備を始めた。携帯用のコンロを使って湯を沸かしインスタントラーメンを作るのだが、小屋の中で火を使うことに不安があったのと、折角なので外で食べるのもいいだろうと思い、小屋の前の開けたスペースで調理をした。

食事が終わり、あたりがすっかり暗くなったところで、小屋に戻る。

一瞬、息が止まりかけた。

ヘッドライトで照らされた視界の先、小屋の隅に、人の姿がある。中年男性だ。落ち着いて見れば、ただ他の登山者がいたというそれだけのことだ。とはいえ、イツキさんが小屋に到着した時点では他に誰もいなかったし、先ほどの食事の際も小屋の前にいたのだから、男性がやってきたのに気付けなかったのは不思議だった。

イツキさんのそんな驚いた様子が伝わったのか、相手も無言でこちらをじっと見ている。

赤い寝袋に下半身を入れ、もう寝るところだったようだ。

イツキさんは急にバツが悪くなって、会釈だけして自分の荷物と寝袋のほうへ向かった。相手も会釈を返してきたが、特に言葉を交わしたりはしなかった。

翌朝目が覚めると昨晩いたはずの男性の姿はもうない。

先に出発したのだろうかと思いながらイツキさんも荷物をまとめ、簡単に朝食をとり、その日の行動を開始した。

そうして二日目の夕方、その日の宿となる避難小屋でのことだ。

木製の引き戸を開けて小屋の中を覗き込むと、先客がいた。こちらに背を向けた状態で、ザックから何かを取り出そうとごそごそやっている。

その背に「こんにちはー……」と挨拶すると、相手が振り向いた。

「あ」と思わず声が出た。

昨日の避難小屋で一緒になった男性だった。

相手も同じことに気付いたようで、驚いた顔をしている。

「ああ、なんか、すみません、昨晩は……」

イツキさんが言うと男性も、

「いや、こちらこそ」

と言いながら笑う。

自らのことを×岡と名乗った男性とすぐに打ち解け、互いに持ち寄った食事を分け合いながら、話に花が咲いた。


食事が終わってからも話は尽きず、あの山はよかった、この山は難しい、というような話をしていると、×岡が何か思い出したような顔をしてから「ちょっと待って」と言い、小屋の隅の自分のザックのほうへ歩いていく。しばらくして戻ってくると、文庫本よりも少し大きいくらいの大きさの冊子を手にしている。

手渡してくるので開いてみると、すぐにそれが何なのか分かった。写真アルバムだ。写真屋に依頼して製本したものなのか、冊子のページに直接写真が印刷されたタイプのものだ。

開いてすぐにその内容に引き込まれた。プロが撮影したかのような、実に見事な写真なのだ。紅葉や朝焼けなど、山が映えるシチュエーションの中、絵画のような構図で景色が切り取られている。

半ば見とれながらページをめくるうち、それまでと違った様子の写真が現れた。

被写体になっているのは山中の樹林帯だ。しっとりと湿ったような濃い緑から、夏に撮影したものなのだろうと想像できる。それ自体はそこまでアルバムに納められた写真と何ら変わらないものだ。

おかしいのは、そんな写真の中の森がひどく汚れてしまっていることだ。

斜面に大量の粗大ゴミが遺棄されている。錆び、表面が苔や土で汚れた古い電化製品。工業用のパイプや資材らしきもの。ほとんど骨格のようになった廃車。地面に掘られた穴に積み重ねるように押し込められた黒いゴミ袋。ぶち撒けられた生ゴミ。

そんな写真の端々に、×岡がどこか心ここにあらずといった様子で佇んでいる。そのことも不思議に思った。カメラを手に撮影している関係だろう、アルバムのそれまでの写真では×岡の姿はフレームの中にはなかった。もちろん三脚などを使えば自分が写真の中に収まることは可能だろうが、そのように無理矢理自分を納得させようとするほど、写真に感じる違和感は大きくなる。

そうやって数ページめくった先で、また雰囲気の違う一枚の写真が現れた。

先ほどまでの樹林帯の様子とは打って変わって開けた景色が撮影されている。画面の奥に鋭く迫力あるシルエットの大きな岩峰が見え、手前側の中央に木製の標識が立っている。その傍らに、やはりどこか呆けたような様子の×岡が立っている。

恐らく山頂で撮影した写真なのだろう。標識には山の名前が大きく彫られていた。

「夢ヶ岳」

奇妙に思った。木々のない山頂の様子や、奥に見える際立った岩峰からすると、それなりに標高がある山に見える。しかし、夢ヶ岳などという山の名前は聞いたことがない。仮に地方の低山なのだとしても、これほど独特な景観や特徴的な名前があればよく知られていそうに思える。

この山のことを訊いてみようと思って傍らの×岡のほうを見ると、あぐらをかいたまま、うつらうつらと舟を漕いでいる。その様子を見て、口から出かけていた疑問がストンと胸の中に落ちてしまったのを感じたイツキさんは、「これ、ありがとうございました」と×岡に声をかけて、その晩はお開きとなった。

翌朝目を覚ますと、×岡はもうおらず、荷物もなかった。早くに出発してしまったのだろう。挨拶もないのは寂しく思ったが、その場はそれだけで、イツキさんもその日の昼頃には山行で最後のピークを踏み、下山した。

その登山からひと月と少し経った頃だ。

職場で昼食をとりながら、普段から利用している登山関係のニュースサイトを見ていた。

ある遭難事故の記事が目に留まった。遭難事故を扱った記事自体は珍しいものでもないが、あの二泊三日の登山で自分が登った山の名前がそこに書かれていたのだ。

記事のリンクを開いたが、一瞬、書いてあることが理解できなかった。

二日前の日付とともに、こんな文面が載せられている。

五十一歳の会社員の×岡△宗さんの足取りが掴めなくなっており、警察の捜索が続いている。

いくつかの疑問が浮かぶ。

この×岡というのは、あの男性なのか？　名前が同じだけの他人なのか？

×岡とあの山で会ったのはひと月前だが、これがあの×岡だとすると、ほとんど期間を開けずにまたあの山に行ったということなのか？

それらの問いを隅に追いやるように頭に浮かんできたのは、あの日×岡が見せてくれた奇妙な写真のイメージだ。

そういえばと思い、ブラウザの検索窓に文字列を打ち込んだ。

「夢ヶ岳」

やはりというべきなのか、いくら調べてみてもそんな名前の山は存在しなかった。

それからその遭難事故の続報の記事を見かけることもなかったので、結局あの×岡という男性は失踪したまま見つからなかったのだろうとイツキさんは考えているそうだ。

記憶の海

理容師として一人で自分の店を切り盛りしているスズハラさんは、あるお客さんを受け持ったときのことがとても印象に残っているという。


日曜日の夜七時半頃のこと。

数日前に電話で予約を入れてきたその男性は、見たところ四十代後半か五十代だ。痩身で、白いシャツが生真面目な印象を与えてくる。

どうしますか、と訊くと、ばっさり短くしてください、とだけ答えたそうだ。

流しっぱなしにしていたテレビでは、巷《ちまた》で流行り始めた感染症についてのニュースをやっている。

それについての雑談などを交わしながら施術を進めた。

スズハラさんにとってはいつも通りの仕事であり、当たり障りない会話にも特別な感想を抱くことはなかった。

顔剃りを終えて、最後に軽く全体を整える。

そのとき、ふいに鏡を通して男性と目が合った。

一瞬間があってから男性が「あの、さっきなんですがね」と言った。

先を促すように「はい……」と応じると、男性は「とても変な話なんだけどね」と前置きし、先ほどまでと違う早口な口調で、こんなことを語り出した。


顔剃りの際に顔の上にタオルをかけられたときのことだという。

一日の疲れと温かなタオルの感触の相乗効果か、一瞬、まどろんでしまった。

施術はもうすぐ終わりなのに眠ってしまってはいけない。

そう思って意識を呼び戻すと、暗い視界の中に何かの輪郭が動いているのが見える。

初めは施術をするスズハラさんが少し透けて見えているのだろうと思っていたが、

そうではない。

ぼんやりとだが動いているそれはふたつの人影のようだ。六、七メートルは離れているように感じる。

意識して見ていると何となく視界全体の様子が掴めてくる。

ふたつの人影は大人の女性と小さな女の子で、場所は海岸のようだ。左手に庇《ひさし》のようになった岩壁が見えていて、それが陽射しを遮っているせいか薄暗い。女性たち二人の他には周囲に誰もいない。いや、この表現は正確ではない。女性たちのほかに自分もいる。そう感じられるほど、臨場感のあるイメージだ。

実際の視界は明度を大きく落として撮影した映像のように暗くぼんやりとしているのに、不思議だった。

音はないが、さざめく波音が頭の中で鳴っているような感覚があり、代わりに現実にテレビから鳴っているはずのニュースの音声はずっと遠くのもののように思える。

タオルの温かさをそれと錯覚しているのかもしれないが、太陽の光の柔らかい熱まで感じた。

女性と女の子は波打ち際で踊るようにステップを踏んだり、水をかけあったりしていたが、ふいに同時にこちらを向いて、手を振りながら笑いかけてきた。

そこで視界がぱっと明るくなる。

一瞬遅れて、顔剃りが終わってタオルが顔の上から取り払われたのだと気付いた。

ドライヤーをかけ終わり、最後に鏡を見せながら全体の確認をして、男性が席を立つ。

会計の最中、男性がこんなことを言った。

「……いやね。あんなことを話したのは、私、事故で妻と娘を亡くしてるのよ。もう随分前のことだけど。ああ、いきなりこんな話して悪いね。ほんと。でも、お兄さんの仕事の丁寧さと無関係じゃないように思えたから、何か伝えたくなっちゃったんだよ」

「すると見えていたのはその奥さんと、娘さん……？」

問いかけると、男性は「それがね」と続ける。

「不思議なんだけど、見えてた二人、全然知らない二人なのよ。いや、ここらって海なんかないじゃない。娘ができてからは、海、行ったこともなかったんだよね」

その言葉を聞いた途端、なぜだか目頭が熱を帯びてくるのを感じた。

そんなスズハラさんの様子に気付いたのか、男性の顔に困惑が浮かぶ。

すいません、と詫びてから、自分のことを少し男性に話した。

スズハラさんは幼い頃にある事件で母親と姉を亡くしている。

二人についての記憶はあまりない。憶えているのはほとんど写真の中のイメージだ。

ただ、その中に海で遊んでいる二人の写真があったと、朧気にだがそう記憶している。

男性が見たのがその二人だという確証はまったくない。

ただ、このことを男性に伝えるべきだと直観的に思った。

話し終えると男性は「ああ、そうなの。それは……」とだけ言った。

それは、に続く言葉はなかったが、何となく言いたいことが伝わってきた。

結局男性が店を訪れたのはその一度だけだったそうだが、スズハラさんの中では忘れ難いお客さんだそうである。

いぬおひいたのわをまえだ

十五年ほど前、達央さんが初めて一人暮らしをした街には、大きな商業施設があった。

三階建てで、モール、という程ではないが、大きなスーパーとホームセンターを中心に、書店や映画館まで備えている。

その二階の一角にイベントスペースがある。大きな窓を背にした明るく開放的なスペースで、地方の物産展やバレンタインフェア、おせちなど季節ものの販売企画を行っていたのを達央さんも目にしていた。

あるとき、同じ二階の別館に位置する映画館に向かっていて、そのイベントスペースの前を通りがかった。

「いつも　ありがとう！」と大きく書かれた横断幕が色とりどりに飾り付けられ、その下に数十枚はあろうかという絵が並んでいる。どれも子供が描いたと思しいもので、絵の下に簡単なコメントを書いた紙が貼られている。

「おかあさんのりょうりは　いつもおいしい！」

というようなスタンダードなものがあるかと思えば、

「ぼくがケンタのさんぽがかりです」

と犬の絵の下に貼り付けられたものまである。

子供たちによる、家族への感謝を表現した絵の展示を行っているようだ。

普段ならそういったものに興味を惹かれることのない達央さんだったが、そのときは一枚の絵に目が留まった。

頭の頭頂部付近に黒を残した金髪の人物が、こちらを間の抜けた表情で見ている。そんな絵だ。

人物の周囲は紺の絵の具で塗られ、金髪が強調されている。拙《つたな》くはあるが、人物の胸から上を描いているだけあって、ディティールはなかなか細かい。右頬のほくろ。顎下の無精ひげ。左耳にだけピアスがぶら下がっているのも見てとれる。服装は白いシャツに赤のダウンジャケットらしきものだ。

（俺じゃん……）

シンプルにそう思ったそうだ。

それほどに絵は達央さんそのままだった。

いわゆるプリンの髪色も、ピアスも、服装までも同じだ。

達央さんには年の離れた妹がいるが、その妹ももうそのときには小学校高学年であったし、そもそも住んでいるのは遠い地元の街なので、ここに絵が飾られているわけがない。

どこかの子どもが、偶然に自分に似た兄のことでも描いているのか？

そう考えてはみるものの、あまりにも似すぎている。困惑を覚えたまま、絵の下のコメントに目が行った。

「いぬおひいたのわをまえだ」

いぬおひいたのわをまえだ。

いぬをひいたのはおまえだ。

犬を轢いたのはお前だ。

ミミズののたくるような字で書かれたその文章の意味が、なぜだか頭に直接挿しこまれたかのように理解できた。

意味が分からないし、心当たりもない。

ただ胸のあたりに冷風を浴びせられたような感覚に襲われ、急いでその場をあとにした。

結局観た映画の内容もろくに頭に入ってこず、もやつきを抱えたまま原付で帰宅した。

それから二週間ほど経ったある日。時間は夜の八時頃だったそうだ。

買い物でその商業施設を訪れたが、やはりどうしてもあの絵が気になる。

イベントスペースに立ち寄ってみると、もう展示は終わったのか絵は撤去されてしまっていた。

特に催し物はないようで、ベンチの置かれたただの休憩所、という感じになっている。

何となしに、あの「自分にそっくりの絵」があったあたりの位置まで行ってみた。

イベントスペースには天井まである大きな柱が何本か立っていて、件の展示の際には、この柱の間に大きなパネルを渡して絵を展示していたようだ。ちょうどその柱の前に立つ形になった。

四角い柱は四面とも鏡張りになっている。

そこに達央さんの顔が映り込む。

鏡の中の達央さんがまばたきした。

えっ？　と思った。

まばたきするときには目を閉じているのだから、鏡でまばたきが見えるわけがない。

それが、目を閉じる前の瞬間と目を開けた直後の瞬間ということではなくて、目を閉じているところまではっきりと見えた。

自分の中で必死に辻褄《つじつま》を合わせるように、達央さん自身も何度もまばたきしてしまった。

もはや何かの見間違いなのか、現に奇妙なことが起きているのか、判断がつかない。混乱したまま片目をこすって再度鏡を見ると、特におかしなところはない。鏡の中の自分も片目をこすっている。

ただ、これ以上見ていたらまたおかしなことが起こるという不安感が湧き上がってきて、逃げるようにそこを立ち去った。


その後の達央さんは、その商業施設に立ち寄ってもイベントスペースに近付かないようになった。

結局その街から引っ越してしまうまでそのままで、以後も特におかしなことが起こるということはなかった。

ただ、昨年のことだ。

職場から帰宅する途中、山沿いの道を運転していると、前方に車が停まっているのが見えた。

信号もないし、そもそも夜間は交通量の激減する道だ。なぜ停車しているのか分からない。

疑問に思いながらも、スピードを落として脇を通過する。

交差した直後、バックミラーにちらりと目をやった。

停まっている車の前方に、運転手とその連れと思しい二人の男性が立っている。

フロントガラスに突っ込むような形で、毛むくじゃらの黒いものがボンネットの上に乗り上げていた。

きっと猿か何かだ。夜道で突然飛び出してきて、轢いてしまったのだ。そうに違いない。こんな山の中の道だと、よくあるのだ。その証拠に、「動物注意」と鹿のシルエットの描かれた看板が道の脇に立っている。

あれは絶対に犬なんかじゃない。

野良犬なんていているか、今どき。

頭の中で必死に否定する。

車の前に立っていた、運転手らしき男性の後ろ姿が脳裏に焼き付いてしまったからだ。

赤いダウンジャケットを着た、プリン頭の男性だった。

鍾乳洞の出口

ナカザワさんが中学一年生のとき、家族旅行先で、全国的に知られているある鍾乳洞に観光に立ち寄ったそうだ。

鍾乳洞の入り口は、カエルが口を開いたように岩壁に横方向に大きな裂け目を作っている。木製のデッキがその中へと続き、脇にチケット売り場がある。まだ朝といってもいい時間帯だったせいか、人は少なかった。

夏場だったが、入って五分もすると空気にひんやりとした冷たさが混じる。照明は足元にポツポツと置かれるのみで、不気味さと神聖さの入り交じるような独特の雰囲気がある。

何度か狭い通路の角を曲がり、天井から地面まで大きな鍾乳石が繋がる広間に出ると、家族の姿が見えなくなっているのに気がついた。両親はまだ小さい弟と手をつないで歩いていたので、自分だけが速いペースで歩いてきてしまったのだろう。

ナカザワさんは、このことをむしろ都合がいいと考えた。折角人も少ないのだし、一人で歩いたほうが楽しいに決まっている。中学生にもなるとどこか気恥ずかしいと思って胸の奥にしまってしまう冒険心が、このときばかりは解放されたような気分だった。

大広間を過ぎると、澄んでいても底の見えない地底湖や頭上にどこまでも続く裂け目、随分古いものに見える小さな石の社など、次々と興味深いものが視界に現れた。途中、三、四組のグループを追い越したが、誰もナカザワさんのことを気にかけておらず、そのことも心地良かった。

そうして先へ進むうち、狭く長い通路に差し掛かった。足元にはやはり最低限の照明だけが置かれている。前後に人はおらず、静謐な空間にトツ、トツ、と垂れ落ちる水滴の音だけが響いている。

緩やかにカーブした道が先で二股に分かれているのが見えた。道なりに進んでいくような道と、更に大きくカーブしていく道がある。どちらの道もある程度前方に次の照明が見えるのだが、後者のほうはそこまでの間に黄色と黒のいわゆるトラロープが張られているのが見えた。

普通に考えれば立ち入り禁止の印だが、そこまで進めるようになっているということは、何か見るべきものがあるのかもしれない。膝程度の高さの段差を越えて通路に上がり、ロープに近付く。

通路の奥に目を凝らすが、先に続いた照明が見えるばかりで、目立ったものはない。ただ、それなりの水量が打ちつけるような水音が微かに聞こえる。滝か何かがあるのかもしれない。

少しの逡巡ののち、ナカザワさんはロープを乗り越えた。どうせ誰も見ていないし、少ないながら照明もあるので戻ろうとすれば戻れるだろうと考えたのだ。

それから十分か十五分か、しばらく曲がりくねった道を進んだが、一向に景色が変わる様子はない。水音は近付いたり遠ざかったりしている。さすがに心の中で不安が大きくなり始めていたが、一方で、もう少しだけ、という気持ちが天秤のようになって、足を先に進ませた。

進むうち、ふいに足元の照明が途切れた。

先には直角に近い曲がり角があるのがぼんやりと分かるが、暗さからして曲がった先にもしばらく照明はないのだろうと思える。

もう、曲がり角の先を見たら引き返そうと思った。

そう決めると不安がすっとなくなり、早足に曲がり角に近付き、先を覗き込んだ。

通路の四方の壁が無機質なセメントで舗装され、その真ん中が銀色でくり抜かれている。

ドアだ。

工事現場のプレハブなどで見る、アルミ製のドアがある。

引き返そうと考えていたのも忘れてドアに手をかけた。

カチャッ、という軽い感触と、内部で鍵が解除されるような手応えが返ってきて、ドアが開いた。

瞬間、視界が白一色に包まれて、目の奥が焼かれるようにジリジリと痛んだ。

思わず閉じた瞼を開くと、目の前に道路がある。

というか、道路には歩道もなく、ナカザワさんは路側帯の際に立っている。

山道のカーブの途中のようで、道の前後は見えない。向かい側にはガードレールが敷いてあり、その向こうは谷のように急斜面が落ち込んでいるのが分かる。ガードレールには大きなへこみと擦過傷がついており、苔で汚れていた。気が張り詰めて意識の外に行っていたのか、先ほどまで鍾乳洞の中で聞いていた水音がまだ聞こえているのに気がついた。谷の下で大きな川が流れているのかもしれない。そういえば、鍾乳洞、と思い、後ろを振り返ると、山の斜面の崩落を防ぐためにコンクリートで覆ったいわゆる法面があり、そこに薄汚れた銀色のドアがついていた。上を見上げると緑色のネットがむき出しの山の斜面を覆っている。

と、水音と木々の葉擦れの音の中に、聞き慣れたような低い音が混じった。

車が道路を近付いてきているのだ。

危ない、どうしよう、と思いながら、できる限り法面《のりめん》に体を寄せた。

その目の前を車が通過していく。

五人乗りの、明るい緑色のコンパクトワゴンだ。

止まってもらおうと手を挙げかけた。

車種も色も、ナカザワさんの家の車と同じものだったからだ。

ただ、目の前を通りすぎるときに車内の様子が見えて、挙げかけた手を下ろした。

車の中には誰も乗っていなかった。

その代わり、運転席と助手席、右側の後部座席に、土とも岩とも見える黒い柱が鍾乳石のように立っていた。


「急に明るいところに出たときになる、目の中の黒い影、あれがまだチカチカ見えてて、だからあれも見間違えかなあとも思うんですが。ただ、そのあとすぐに同じ車がもう一回来たんです。うわ、やばい、と思ってたら、お父さんとお母さん、弟が乗ってて。もう、どこ行ってんの、みたいなこと言われたのは覚えてるんですが……。え、それだけ？　って思いつつも、車に乗り込んで、私、すぐ寝ちゃったんですね」

勿論、そのときのこと、もうちょっと詳しく家族に訊いてみようかなと思ったりもするんですけど……、と少し躊躇うように言葉を切ってから、ナカザワさんは続けた。

「あの直前に来た車の中の柱のことを思い出してしまって。あれは、自分とは無関係なんだって思っていたいんだと思います。だから、何かあれについてのことが家族の口から出てきたら、私」

耐えられないなって。

だから、あのときのことは結局訊いてないんですよ。

ナカザワさんはそう教えてくれた。

富嶽

山梨県の大月市では、市内の二十峰の山を「秀麗富嶽十二景」として定めている。総面積のうちの九割近くが森林であり、きわめて自然豊かな同市の中でも、山頂から富士山を特に美しく望むことのできる山を選りすぐって定めたものだ。

このうちの一座に当時の恋人のN実さんと二人で登ったときの不思議な体験を話してくれたのは、K輔さんだ。

「青い色の鳥は、空に擬態しているのかな?」

そばの木に留まっていた青とオレンジの鳥を見ながらN実さんが言う。

こういう、夢見がちというか、「不思議さん」というか、やや奇妙な方向にズレた感のあるN実さんの言動は、自然の中にいるときだけ出てくる。普段は物静かな読書家であり、理知的な印象なので、二人で一緒に出掛けるようになってからこうした一面を知ったそうだ。

しかしそれはK輔さんにとって変に気に障るようなものではなく、むしろ愛おしいと感じられた。というのは、それらの言動が単に浮ついただけのものではないと思わされることが複数回あったからだ。

川辺に行けば、エサを撒いたわけでもないのにN実さんの足元目がけて魚が寄ってくる。

森を歩けば小鳥がリュックの上に留まる。

そういう妙な場面に立ち会ってしまうと、N実さんと自然との間には何かの不思議な結びつきがあるのかもしれないと、ぼんやりとそう感じるようになったそうだ。

樹林の少ない明るく開けた稜線を辿っていくうち、山頂がすぐそばに見えてきた。

広い稜線上に突き出た山頂に辿り着くと、眺望は見事に全方位に開けている。

……と思われたが、一点、残念な部分があった。

富士山の方角だけ、雲がかかってしまっているのだ。

画竜点睛を欠くとはこのことで、山頂標識の横に並べて立てられた「秀麗富嶽十二景」の案内板もどこか空々しい。

何となく申し訳ない気持ちでN実さんのほうを見ると、特に気にしていない様子で昼食を広げ始めている。

そのことを少し意外に思った。


昼食が終わり二人でしばらく写真をとったり景色を眺めたりしていたが、やはり富士山方面の雲は晴れそうにない。

そろそろ行こうか、と言いかけたところで、N実さんがこんなことを言った。

「昨日、あなたを食べる夢を見たよ」

思わず無言でN実さんのほうをじっと見てしまった。

いつもの「不思議発言」とは何となくベクトルが違うように感じる。

N実さんは雲のかかった富士のほうに視線を向けたまま続けた。

「高級なレストランで、『最後の晩餐』みたいな大きいテーブルがあるのね。そこに私一人で座ってるの。それで、お肉のコース料理が出てきて」

最初に出てきたのは野菜を添えた生ハムのようなものだったが、なぜかそれを食べた時点でもう、あ、これはK輔くんだな、と思ったらしい。

相槌も打てずにいると、N実さんは更に妙なことを言った。

「でね、そう思いながらも出てくる料理をどんどん食べちゃうの。だって、ホントに美味しかったから」

困惑するK輔さんをよそに、N実さんは続ける。

「最後のデザートまで食べ終わって、すっごい幸せな気持ちになったのね。そしたら目が覚めた。それで分かったんだよ。今日は特別な日になるって」

そこまで話してK輔さんのほうへ振り向いたN実さんは、しゃがみ込んで足元に簡単な石積みを作り始めた。四つか五つの石がピラミッド上に組まれている。

子供じみた振る舞いだが、N実さんの至って真剣な表情はそう思わせないものがあった。

「K輔くん。ちょっと目、閉じてくれる」

先ほどの話の内容もあって、何となく怖い想像も脳裏を過ぎったものの、考えるよりも先にK輔さんはその言葉に従ってしまっていた。


目を閉じていると、聴覚が研ぎ澄まされる。

静かだと思っていた山頂には思いのほか様々な音が鳴っている。

遠くで吹く風音と、それが揺らす木々の葉擦れ。鳥の鳴き声。

ゆっくりとでも季節が春から夏へと向かっているのだと初めて意識した。

そんな音たちの中に、N実さんが立てる音が割り込んでくる。

ざあっ、ざあっ、と地面の何かを払っている音がする。

位置的に、先ほどの石積みに対して何かをしているような感じだ。

考えているうちに音が止んだ。


「もういいよ。目開けて」

N実さんの声に従って瞼を持ち上げると、目の奥まで眩い光が入ってくる。

しばらくそれに慣れず、視界が黒くもやがかったようになる。

やがて目が慣れたのか目の前の景色を正しく認識できるようになる。

K輔さんは、機能を取り戻したばかりの自分の目を疑った。


先ほどまで景色を覆い隠していた雲が綺麗さっぱりどこかに消えている。

視界の先には息を呑むような景色が広がっていた。

白い冠を戴いた富士山が、山々の向こうに桁違いの大きな姿で鎮座している。

均整の取れた大きな山体のシルエットは確かに「秀麗富嶽十二景」の名に恥じないものだ。

まるで真冬のそれのように深く濃く透明な青色をした空は、しばらく目を閉じていたからそう感じるだけだろうか？

ただ、それらよりも深く印象に残ったのは、目の前で富士山を眺めているN実さんだった。

軽く揺れているその背中から、楽しげというか誇らしげというか、そんな様子が強く伝わってきたからだ。

ふと足元に目をやると、石積みはどこへ行ったのか、細かな石くれだけが散らばっている。

結局その日はもう雲が富士山を覆うようなことはなく、下山までところどころで富士の眺めを楽しみながら歩くことができた。

自然の中にいるときのN実さんの言動の真意はK輔さんにも読み取れないことが多かったが、この日の出来事の意味ははっきりと分かった。

間を置かずにK輔さんのほうから結婚を申し込み、今は夫婦として、週末は二人で一緒にアウトドアを楽しんでいるそうだ。

あとがき

先日、ある映画を観た。米ソ冷戦の時代、キューバ危機を巡っての、英国のスパイとソ連側の内通者の友情についての物語だ。

キューバ危機は偶然によって回避された、とよく言われる。ソ連側が南米のキューバに核ミサイルを配備したことに端を発するキューバ危機は、流れによっては米ソ間の核戦争につながる恐れがあった。当時、両国とも世界をすべて灰にできるほどの核兵器を保有していたから、キューバ危機が回避できなければ待っていたのは「歴史の終わり」だ。「もしキューバ危機が回避できなければ今は……」というｉｆの想定はありえない、そういう類の危機だったわけだ。

ところがそんな人類史にとって決定的な危機は、偶然によって回避された。決定的なことは、偶有的だった。ここに歴史の不思議や面白さがあると感じる。

前回の単著『実話怪談 花筐』を出したことがきっかけで、様々な人とのつながりに恵まれた。

そんなつながりから、ビデオゲーム批評とホラー表現をテーマにしたある配信トーク番組に出演させて頂いた。配信終了後のアフタートークで、「人生における決定的な偶然についてどう考えるか？」という話になった。

私が本を出したことには、それこそ幾つもの偶然が作用していたはずだ。にも拘わらず私は、「もし本を出していなかったら？」というifを今となっては想像できない。

そうした類の、「もしあの人と出会っていなかったら」、「もしあの趣味を始めなかったら」、今どうなっていた？　というifが想像できないような、決定的な物事というのは、誰の人生にもあるはずだ。しかし、それを振り返ってみたとき、どこかに偶然や「分の悪い賭け」のようなものが存在してはいなかっただろうか？

怪談作家としては不真面目な私は、神仏や霊魂といったものにあまり関心がない。一方で、決定的な偶然、不思議については、確かにある、という確信を持っている。おこがましくも、そんな偶然の一端を担うものを書きたいと願っている。

鈴木　捧

実話怪談 蜃気楼

2021年11月5日 初版第一刷発行

著者……鈴木捧
カバーデザイン……橋元浩明(sowhat.Inc)

発行人……後藤明信
発行所……株式会社 竹書房
〒102-0075 東京都千代田区三番町8-1 三番町東急ビル6F
email: info@takeshobo.co.jp
http://www.takeshobo.co.jp
印刷・製本……中央精版印刷株式会社